ベンチャー企業・中小企業のための

監査役・監査等委員の教科書

公認会計士 大杉 泉
Izumi Osugi

税務経理協会

はじめに　監査役は「閑散役」？

　監査役は**「閑散役」**と言われることがあります。

　読んで字の如く，監査役（や監査等委員など。以下，本書では「監査役等」と呼称します。）はいつも暇そうだ，ということでこのような揶揄を受けてしまうのですが，会社法が監査役に与えた役割をきちんと全うしようとすると，とてもではありませんが暇を持て余す時間はないはずなのです。

　ですが，そのように揶揄されてしまうということは，これまで「閑散役」になってしまっていた方が多数いらっしゃった，ということなのだと思われます。

　また，執行側の取締役や従業員の方にも，監査役は何をすべきなのか，という十分な理解がなく，監査役の職務がブラックボックスのようになってしまっていたことも考えられます。

　私は，公認会計士として，大手監査法人で東証一部上場企業やベンチャー企業など様々な規模・業種の会計監査を経験したのち，東証マザーズ上場企業の常勤監査役に就任し，その後複数の会社で常勤・非常勤の監査役・監査等委員を務めてきました。その中で，「何をすれば良いか分からない」という不安感や，監査役が実務上困ったことを相談出来る先がほとんどない，といったことを痛感しました。

　そこで私は，監査役等がその責任を全う出来るよう，監査役等の皆様のお手伝いをすべく，日本で唯一の「監査役等支援」を専門で行う事務所を立ち上げ，これまで多くの監査役等の方にご支援やアドバイスを行ってきました。しかし，監査役等の責任を全うしたいという強い志をお持ちの方でも，本来やるべき監査とはズレた，要点を外した監査や形式的・表面的な監査に終始してしまっているケースが，多くの会社で発生していることが分かりました。

　さらに，「監査役・監査役会などを設置している会社」と言っても，その規模はグローバルレベルの大企業から，従業員数十名のベンチャー企業や中小企

1

業まで多岐にわたります。しかし，大企業の監査役等に求められていることの全てを，ベンチャー企業や中小企業の規模感で実施することは満足にできず，困っているというお声も多く伺ってきました。

　本書は多くの会社の中でも「ベンチャー企業」「中小企業」に特化し，監査役等が何をしなければならないのか，どうしたら良いのかについて，私が多く見てきたベンチャー企業・中小企業の実情も踏まえながら解説しています。様々な分野から**初めて監査役等に就任される方**や，**会社として初めて常勤監査役に就任**し監査役監査をイチから立ち上げなければならない方でも，本書をお読みいただきスムーズに監査役等監査の業務に入っていただけるよう，出来る限り必要事項を網羅的に取り上げていますので，ご就任前の事前勉強はもちろんのこと，ご就任後も年間を通じぜひお手元に置いていただけたら幸いです。

　ただ紙幅の関係上，詳細なご説明が叶わなかった部分もあります。こちらについては参考資料を記載していますので，ぜひ併せてご確認いただきながら，監査活動を行っていただければと思っております。

　なお，本書は以下のような構成となっています。現在の職務内容やお困りのことなどに合わせて，各項をご参照ください。

■**第Ⅰ章**（P. 1～）～**第Ⅲ章**（P.33～）

　まず監査役等に就任するにあたっての基礎知識として，

- 「監査役等」という職務がどのようなものなのか（第Ⅰ章）
- 法律上どのような決まりがあるのか，関連用語の説明（第Ⅱ章）
- 近年良く耳にする「コーポレートガバナンス」と監査役等の関係（第Ⅲ章）

について解説しています。

■**第Ⅳ章**（P.49～）

　監査役等の年間の職務内容について，計画の策定から実際の監査業務まで「ベンチャー企業」「中小企業」の監査役等の方にぜひ実施していただきたい

事項を説明しています。

■第Ⅴ章（P. 135〜）

近年登場した「監査等委員会設置会社」の監査等委員の概要や職務について解説しています。

■第Ⅵ章（P. 145〜）

「非常勤」の監査役等について，その職務や心構えを解説しています。

■第Ⅶ章（P. 155〜）

表立って聞きづらい監査役等の「報酬」や「不満」「本音」の部分について，私の経験や他社の事例も踏まえながら，Q&A方式で解説しています。

本書を活用していただくことで，監査役等の皆様が，法や社会から求められている監査役等の職務を全うし，会社の成長に寄与していただくことができましたら，これほど嬉しいことはありません。

2020年6月

大杉　泉

目　　次

第Ⅴ章　監査等委員会の実務

第Ⅵ章　非常勤監査役等の基本

第Ⅶ章　誰にも聞けないあれこれ

第 I 章
監査役等の重要性と心構え

1 そもそも監査役等とは？

　本書をご覧の方で，「監査役（等）」という役割の名称は知っていても，実際に何をしているか，これまで間近で詳しくご覧になったことのある方はあまり多くはいらっしゃらないのではないでしょうか。そこでまず，監査役（等）とはいったいどのような役割なのかを考えてみるところから始めてみたいと思います。

　まず**監査役**とは，会社法に規定された会社の機関です。監査役は「株主総会

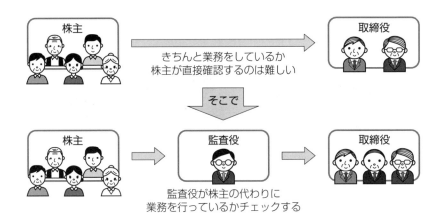

にて株主から選任され」（会社法第329条第1項），その役割は「取締役の職務の執行を監査する」こととされています（会社法第381条第1項）。つまり，**株主の代わりに，取締役がきちんと業務執行を行っているかをチェックすること**，と言い換えられます。

　現代の株式会社の制度は，会社の所有者（株主）と経営者（取締役）が分離しており，経営者は所有者である株主の代わりに，株主のために**企業価値の中長期的な向上**を目指して経営を行います。しかし，経営者も人間ですから，サボったり，自分の利益を優先する行動をしてしまうことがあります。そのため，経営者が企業価値の中長期的な向上を目指して仕事をしているかをチェックするのが「監査役」である，と言えます。

　これは他の角度から見れば，株主の願っているところは「企業価値の中長期的な向上」なので，これを叶えなければならないのは監査役も同じであるとも言えます。

　監査役は，取締役会を設置する場合には必ず設置する必要が生じます（会社法第327条第2項）（それ以外にも任意で設置することが可能です）。

　また，監査役会は公開会社（株式の一部でも制限なく自由に譲渡出来る会社）では必ず設置しなければなりません（会社法第327条第1項）。監査役会は監査役3名以上で構成され，半数以上は社外監査役（☞P.27）である必要があります。また，監査役会を設置する場合は1名以上の「常勤監査役」が必要

監査役会の特徴

公開会社（株式の一部だけでも譲渡制限のない会社）では必ず設置する

監査役3名以上で構成
うち半数は社外監査役
1名以上は常勤監査役
各々が単独で権利行使できる（独任制）

になります。

　また監査役は，それぞれが自分自身で監査を行い判断する**独任制**という方式を採用しており，監査役会は基本的には連絡会議体としての役割を持たされています。

　なお，監査役（会）と近い業務を行う機関として，「監査等委員（会）」「監査委員（会）」というものがありますが，本書ではこれらを総称し「監査役等」と呼称しています。

2　経営者と監査役等は車の「アクセル役」と「ブレーキ役」

　以上のように，法令上の文言は大変簡潔に書かれていますが，これでは監査役等の職務を具体的にイメージすることは困難です。では，実際に監査役等は会社の中でどのような役割が求められているのでしょうか。

　例として，会社を自動車，取締役（執行側）を自動車のドライバーと仮定して考えてみます。

　ドライバーが自動車を公道で走らせるには，まず何よりも事故を起こさないこと，またその前提として制限速度や標識などの**法令をきちんと守ること**が絶対的に要求されます。このような要求を満たし公道で自動車を走らせるには，アクセルとハンドルだけではなく，各種の**ブレーキ**も使用しなければなりません。安全のために止まるべきところで止まったり，減速したりするといった行動が取られなければ，その自動車はいつか必ず事故を起こしてしまいます。

　会社においては，日常的なブレーキシステム（部署内の牽制や管理部門などによる牽制など），執行側によるブレーキ（内部監査部門など）が備わっていますが，これだけでは「行けるかもしれない」「大丈夫だろう」という「かもしれない運転」「だろう運転」を防ぐことが出来ない可能性があります。そこ

で上記より強い力で，**執行側以外からブレーキをかける仕組みとして設けられたのが「監査役（等）」です。**

　会社不祥事が発生した際の第三者委員会報告書等を読むと，不正行為に対し誰も止めようとしなかった（もしくは止めたけれど力が弱かった）という例が非常に多く見られます。「会社」というカルチャーを共有した人間の集合体は，放っておくと全員がアクセルとなってしまい，ブレーキ役が誰もいないという事態が発生しやすいとも言えます。

取締役
（運転手）

公道を走るには
法律やルールを守らないと…

スピードを出して早く走るだけではなく，減速するところではきちんと減速しないと…

　そこで会社では，あえていくつかブレーキ役を作ることで，暴走を防ぐ「仕組み」を設けていますが，その中で最も強力なブレーキが「監査役（等）」です。

　監査役等のブレーキは，

> ➤　法的な権限に基づいて，

> ➤　社長をはじめとした取締役（執行側）を直接，

> ➤　様々な方法で止めることが可能

という点で他の仕組みより強力，かつ実効性のあるものとなっています。

　上手な運転はブレーキングが上手いと言われます。止まるべきところで止ま

らないのはもちろんダメですが，急ブレーキや頻繁すぎるブレーキ，加速しなければならない場面で（ブレーキが邪魔して）加速出来ないことも決して上手な運転とは言えません。安全な速度で上手な運転（＝経営）が出来るようになるには，ブレーキ役，つまり監査役等の上手なブレーキングが重要であると言えます。

 3 ## ベンチャー企業・中小企業の監査役等は「自動車教習所の教官」

　「監査役等はブレーキ役」というお話をしましたが，具体的にどのような場面でブレーキを踏むべきなのでしょうか。

　特にベンチャー企業や中小企業の監査役等は，取締役（執行側）と一緒に車に乗り込み，執行側の目標達成のために目を配り必要があればアドバイスをし，危険な時には補助ブレーキを行使する，いわば**自動車教習所の教官**のような役割と考えると分かりやすいと思います。

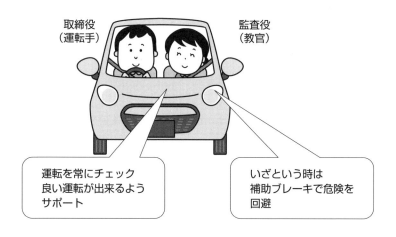

　自動車教習所の教官は，単なるブレーキ役ではなく，まずその教習を安全に

実施すること，そして生徒が安全な運転技術を身に着け，立派な運転手になれるようにすることを目標に業務を行っています。そのために教官は生徒の隣（助手席）に座り，常に生徒の運転をチェックしています。また，それだけではなく，生徒にどのような点に気を付けて運転すべきかを教え，生徒が持ち得ていない視点で周囲や先の様子を確認し生徒に伝え，万が一事故が起きそうなときには自ら補助ブレーキを使用し安全を守る，ということをしています。

　あまり上手ではない教官は，何の指摘やアドバイスもせず黙って座っていたりするほか，逆に指摘が細かすぎて大局的な観点を欠いている，生徒や周囲にお構いなく，もしくは理解しがたい場面で補助ブレーキを頻繁に踏む，などといった行動をとってしまいがちです。

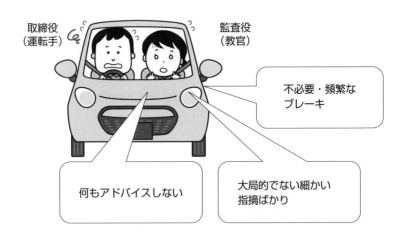

　他方，上手な教官は，運転のチェックの中で生徒の技量を見極め，必要な時に必要な指摘やアドバイスを送り，生徒自身の改善を促します。

　監査役等も，教官と同様，執行側が目指す経営目標を達成するために，執行側の活動をチェックするのみならず，必要な意見をどんどん述べ，「良い経営陣」に成長するよう沢山コミュニケーションを取ることが必要なのではないでしょうか。

　ただ，アドバイスに熱が入るあまり，いつの間にか運転手が自分に交代して

しまっていることは避けなければなりません。あくまで運転手は執行側です。自己監査にならないよう，細心の注意を払う必要はあります。

 ## 4　良い監査役等とは？

1　執行側との信頼関係がある

　監査役等が良い仕事を行う上で最も重要なことは，運転手である**執行側**も，ブレーキ役である**監査役等も業務上の最終目標は同じ**なのだ，ということです。監査役等の意見は，執行側にとっては（その場では）耳が痛く，あまり聞きたくないことも多くあると思いますが，決して意地悪ではなく「経営のために本気で言っている」ということがきちんと執行側に伝われば，両者は同じ方向を見た良い関係が築けるのではないでしょうか。

　そのためには監査役等の側も努力と信頼関係の構築が必要です。前述の例で言えば，頻繁にブレーキをかける教官には同乗してほしくない，と思われてしまうかもしれません。むやみやたらに事業を止めるだけでは決して良い監査役等とは言えないのです。

2　本当にブレーキが必要な場面で躊躇なくブレーキを踏める

　もし教官が，当該生徒の運転続行が危険であると判断した場合はどうでしょう。教官はその時点で教習を終了し，運転を交代して安全な場所（教習所）まで帰還します。いざというときは監査役等にも，会社を安全な場所まで誘導し，新しい運転手（取締役）に交代させる，といったことが求められます。ブレーキが本当に必要な場面では躊躇なくブレーキを踏む，という状況の見極め力と実行力があることも，良い監査役等の条件と言えるでしょう。

3　常に最新情報をキャッチアップしている

　教官は，運転や指導に必要な基礎知識はもちろんのこと，常に新しい知識を

キャッチアップしておく必要があります。法令の改正はもちろん，最新技術や市場の動向など，常に新しい情報を仕入れておかないと，過去の知識や経験だけでは間違った発言や指導をしてしまう可能性もあります。

　つまり，監査役等も過去の知識や経験のみならず，研鑽や情報のキャッチアップが求められるのです。最近は，ほんの数年であっという間に情報が陳腐化してしまいますので，日常的，不断の研鑽が重要です。年齢に関係なく，分からないことは分からないと素直になれる方，また積極的に学んで自己に取り入れようとする姿勢のある方が良い監査役等と言えるのではないでしょうか。

監査役等の役割は会社法に規定されている

　会社に関する基本法令は「会社法」ですが，会社法上「監査役等」に関連する機関には，「監査役」「常勤監査役」「監査役会」「監査等委員会」「監査委員会」といったものがあります。それぞれの違いは後述しますが，まず**「監査役」**について会社法上どのような規定があるかを見ていきましょう。

■ 「監査役」に関する会社法上の規定

　監査役は株主によって選任され（会社法第329条第1項），その業務は株主の代わりとして**「取締役の職務執行の監査（業務，会計に関する適法性監査＋一部の妥当性に関する監査（☞ P.18））」**を行い**「監査報告を作成すること」**とされています（会社法第381条第1項）。

　また，会社との関係は，従業員のように「雇用」の関係ではなく**「委任」**の関係となり，会社に対し**「善管注意義務※」**という義務を負います（民法第

※　善管注意義務とは，民法第400条にある「『善良な管理者の注意』に関する義務」の省略形で，業務を委任された人の職業，能力や社会的・経済的地位などから一般的に期待される注意を行うべき義務をいいます。この義務を怠った場合は民法上の過失があると見なされ，損害賠償を請求される可能性もあります。

644条）。

　以下，具体的にどのような規定があるか見ていきましょう。

1　監査役の職務に関するもの

　会社法上，監査役は，

> ①　取締役の職務の執行を監査すること（会社法第381条第1項）
>
> ②　監査報告を作成すること（会社法第381条第1項）
>
> ③　計算関係書類・事業報告およびそれらの附属明細書を監査すること
>
> （会社法第436条第1項，第441条第2項）

の3点を行うことが求められています。

2　監査役の義務と権利に関するもの

　監査役には，取締役会への出席義務（会社法第383条第1項）や株主総会の議案調査と報告義務（会社法第384条），取締役会への報告義務（会社法第382条），など，監査方法についていくつか義務規定があり，遵守する必要があります。

　反対に，会社の業務や財産の調査権（会社法第382条第2項）や子会社調査権（同第3項），監査費用請求権（会社法第388条）など，監査の実効性を担保する権限規定もいくつか用意されています。

　その他，取締役が行おうとする違法行為の差止請求権（会社法第385条），取締役の責任免除議案等の提出同意権（会社法第425条第3項）などもあり，大変強力な権限が与えられています。

3　監査役の選任と解任に関するもの

　監査役の選任については，監査役（監査役会が設置されている場合は監査役会）に，監査役選任議案に対する同意権，監査役選任の議題・議案提出の請求権があり，取締役による恣意的な人選や意向の排除が企図されています（会社

法第343条）。

　一方，監査役の解任には，株主総会の3分の2以上の賛成を要する特別決議での可決が必要です（会社法第309条第2項第7号，第339第1項）。さらにもし解任された場合には，当該解任に正当な理由がある場合を除き，損害賠償請求が可能とされています（会社法第339条第2項）。

　従って，取締役が監査役のことを気に入らないからといって，自分に都合の良い人を選任したり，自分の権限で勝手に解任することは出来ない仕組みとなっています。

4　監査役の資格要件に関するもの

　監査役になれない方は，法人や成年被後見人，会社法等に違反した者などの欠格事由に該当する方です（会社法第335条第1項，第331条）。また，当該会社や子会社の取締役や使用人等を兼ねることはできません（会社法第335条第2項）。時々，同じ会社の内部監査部門や取締役との兼任として監査役に就任したい，というご相談をいただきますが，法令上認められていませんので留意が必要です。

　また，「社外」監査役については別途詳細な基準があります（☞P.27）。

5　監査役の任期に関するもの

　監査役は，株主総会の普通決議により選任され，任期は4年となります（正確には，選任後4年以内に終了する事業年度のうち最終のものに関する定時株主総会の終結の時まで）（会社法第329条，第336条第1項，第341条）。これは定款等でも短縮が認められておらず，監査役の権限と立場の安定性を担保しています。

　ごく稀に，任期途中での辞任を前提として監査役にご就任される方をお見受けします。もちろん辞任は委任契約である以上いつでも行うことが出来るものですし，絶対に辞任してはならないという法規制はどこにもありません。しかしながら「監査役が辞任した」というのは，外部から見ると「不祥事など何か

良くないことがあったのではないか」と推測を生む行動でもあり，場合によっては企業価値にも影響を与えかねません。体調不良ややむを得ない事情など，不慮の理由で辞任せざるを得ない場合はもちろん致し方ありませんが，就任時点から任期途中の辞任を計画されているような方は，ご自身の責任について今一度お考えになるべきだと思われます。

6 監査役の報酬に関するもの

監査役の報酬は株主総会の普通決議により定められます（会社法第387条）。なお一般的には，株主総会では報酬の総額が決められ，各監査役の個別報酬額については，当該総額の範囲内で，監査役会等の場において，監査役相互の協議で定めます。

監査役と監査役会の違いと常勤監査役の設置

❶ 監査役の設置義務

監査役の設置は原則として任意で，定款に定めることで監査役を設置することができます（会社法第362条第2項）。またその員数も同様で，何人でも設置することができます。

ただし，取締役会を設置した会社，会計監査人を設置した会社は監査役を設置しなければなりません（会社法第327条第1項第2項第3項）。

なお，監査等委員会設置会社，指名委員会等設置会社は監査等委員会・監査委員会が設置されるため，監査役を設置することはできません。

❷ 監査役会の設置義務

監査役は独任制の機関であり，監査役1人1人が単独で各種権限を行使できます。しかし，監査役が複数名設置された場合には，何らかの連携・連絡が行われないと円滑な業務遂行が難しくなってきます。

そこで設置されるのが監査役会です。監査役会の設置も原則として任意ですが，公開会社である大会社（監査等委員会設置会社及び指名委員会等設置会社を除く）では監査役会を設置しなければなりません（会社法第326条第2項，第328条第1項）。

❸　監査役会の構成

監査役会は監査役3名以上が必要で，監査役全員で組織します。さらにそのうち半数以上が社外監査役（☞P.27）でなければなりません。

監査役会の構成

- 監査役3名以上で構成
- うち半数は社外監査役である必要がある
- 1名以上は常勤監査役である必要がある
- 監査役の過半数をもって決議

❹　監査役会の決議

監査役会の決議は，監査役の過半数をもって行います（会社法第393条第1項）。

その他，監査役会は監査方針・調査の方法など監査役の職務の執行に関する決定を行う他，監査役としての監査報告の作成（会社法第390条第2項）や，監査役会議事録の作成・保管義務等が課されています。

❺　常勤監査役の設置

監査役会を設置した場合は，監査役の中から常勤の監査役を選定しなければならない（会社法第390条第3項）とされていますが，常勤の場合は善管注意義務の判断要素に「常勤と認められる勤務が出来ているか」という観点も含まれてきますので（☞P.28），通常はそのような勤務が物理的に可能か，つまり

常勤・非常勤の前提を明示したうえで監査役就任の打診が行われます。

　なお，常勤監査役は「監査役会を設置した場合」のみ必要で，他の場合での設置義務はありませんが，こちらも任意設置は可能です。

　特に上場を目指し準備を行っている会社の場合，上場に適う体制整備を早めに進める観点から，社内体制の指導などを行う証券会社より，早期の取締役会の設置と監査役会・常勤監査役の設置を求められるケースがあります。とは言え一度に３名の監査役を選任するのは非常に大変ですから，もし３名が揃わなかった場合には，常勤監査役１名と非常勤監査役１名を確保した上で**「監査役協議会」**という任意の会議体を設置し，監査役会のような連携を図ることもあります。

６　補欠監査役の選任

　監査役会には３名以上の監査役が必要ですが，そのうちの誰かに死亡や辞任など万が一のことがあると，３名揃えることができず，臨時株主総会を開催して後任者を選任するか，裁判所に仮監査役の選任を請求する必要があります。万が一そのような事態になった場合には，手続の手間に加え多額のコストがかかることが予想されるため，定款を変更することにより予め**「補欠監査役」**を株主総会で選任しておくこともできます（☞P.30）。

 3

監査役会設置会社と指名委員会等設置会社，監査等委員会設置会社の違い

　「取締役の監査に関する会議体」を置く機関設計としては，前述の「監査役会設置会社」の他，「指名委員会等設置会社」「監査等委員会設置会社」の３つの形態が存在しています。三者はそれぞれ責任の範囲が異なりますので，注意が必要です。

１　監査役会設置会社とは

　監査役会設置会社は1993年の商法改正により制度化された機関設計で，監査役の権限を強化する流れからそれまであった監査役の連絡機関として設置が求められるようになったものです。権限は監査役に準じ，身分も「監査役」であり「取締役」ではありません。従って，取締役の「監督」は役割に含まれていません。

　また，監査の範囲は議論があるものの，一般的には適法か否か（適法性），が主体となり，経営判断として妥当か否か（妥当性），という点までは及ばないと解釈されています（しかし近年の判例などでは，部分的に妥当性まで踏み込んでいると思われる判断がなされているケースも見受けられます）。

　なお，この妥当性監査や監督業務を行わない監査役・監査役会制度は日本独自の機関設計であり，他の機関設計と比べ海外からは理解しにくいとの声もあります。

監査役会設置会社

● 主に適法性（と一部妥当性）の観点から，取締役を監査する

２　指名委員会等設置会社とは

　指名委員会等設置会社は，2003年の商法特例法で制度化された機関設計で，取締役会内に**「指名委員会」「報酬委員会」「監査委員会」**の３委員会を設置するものです。取締役会は別途「執行役」を任命し，実際の業務執行は執行役が行うことで，経営の大方針の意思決定と実際の業務執行を分離する形態となります。

　各委員会は<u>取締役３名以上</u>で構成され，<u>過半数は社外取締役</u>である必要があ

ります。このうちの「監査委員会」で執行役の業務執行に関する監査を実施しますが，当該機関は監査役のように独任制ではなく，あくまで委員会としての<u>組織監査</u>を前提としており，各種牽制機能や内部監査を含む内部統制システムを利用した監査が想定されています。

　また，監査委員会の構成員は取締役でもありますので，取締役間の相互監督の義務を負います。そのため，監査の範囲も適法性のみならず妥当性まで及ぶ，と考えられています。ただし，監督業務としての「指名」「報酬の決定」についてはそれぞれ指名委員会，報酬委員会で議論がなされることとなります。

　現在は上場企業のうち，約2％程度が指名委員会等設置会社の機関設計を選択しています（出典：株式会社東京証券取引所　東証上場会社コーポレート・ガバナンス白書2019）。

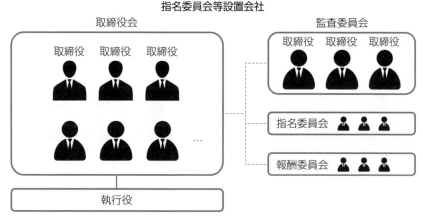

指名委員会等設置会社

● 主に適法性と妥当性の観点から，取締役と執行役を監査する

❸　監査等委員会設置会社とは

　監査等委員会設置会社は，2015年の会社法改正により制度化された機関設計で，前述の指名委員会等設置会社で設置される「指名委員会」「報酬委員会」「監査委員会」を**「監査等委員会」**としてひとまとめにしたものです。ただし

指名委員会等設置会社のように執行役は求められておらず，経営と執行の分離は曖昧です。

監査等委員会は取締役３名以上で構成され，過半数は社外取締役である必要があります。内部統制システムを利用した組織監査を前提としている点や，監査範囲が妥当性監査まで及ぶのは指名委員会等設置会社と同様ですが，「指名」「報酬の決定」も監査等委員会が担い，これらに関し株主総会で意見を述べる必要がある場合には意見を述べなければならない，とされています。

現在は上場企業のうち，約25％程度が監査等委員会設置会社の機関設計を選択しています（出典：株式会社東京証券取引所　東証上場会社コーポレート・ガバナンス白書2019）。

なお，最近では特に監査等委員会設置会社を選択する企業が増えていますが，独任制ではなく組織監査を前提としている以上，監査の量と質の担保は重要な課題です。特にベンチャー企業・中小企業では，内部監査の体制が脆弱であるにも関わらず監査等委員会設置会社を選択しているケースもありますが，移行前には，どのようにして監査の量と質を担保するのか，全体的な監査体制を検討する必要があります。

監査等委員会設置会社

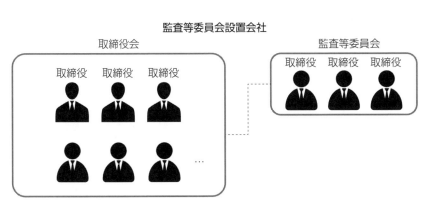

● 主に適法性と妥当性の観点から，取締役を監査する

機関設計 （設置される 監査機関）	監査役会設置会社 （監査役会）	監査等委員会設置会社 （監査等委員会）	指名委員会等設置会社 （監査委員会）
人数構成	3名以上 （半数は社外）	3名以上 （過半数は社外）	3名以上 （過半数は社外）
常勤者の設置	必要	不要	不要
役員の身分	監査役	取締役	取締役
実施業務	監査	監査＋監督	監査＋監督
責任範囲	適法性 （＋一部妥当性）	適法性＋妥当性	適法性＋妥当性
監査の方法	独任制監査	組織監査	組織監査
任 期	4年 （短縮不可）	2年 （短縮不可）	2年 （短縮不可）

 4　適法性監査と妥当性監査の違い

　監査役等が実施すべき監査の範囲として，「適法性監査」と「妥当性監査」という言葉があります。

　一般的に**適法性監査**とは，取締役の職務執行が法令定款等を遵守しているかを主眼とした監査を意味し，**妥当性監査**とは取締役の職務執行が経営判断として妥当なものかを主眼とした監査を意味します。

　両者は文字では理解しづらい部分ですが，例えば小売業の会社で新規出店の検討を行うというケースを考えた場合，その土地への出店が法令上問題ないか，取締役の利益相反行為や競業ではないか，出店手続が法令や社内規程を遵守しているか，などを確認することは「適法性監査」，その土地への出店が経営戦

略と合致しているか，本当にその土地に出店し儲かるか検討できているか（事業計画は妥当か），あまりに不合理な意思決定が行われていないか，などを確認することは「妥当性監査」と言えます。

　監査役監査の範囲は，従来は適法性監査に限定されるという見解が一般的でしたが，最近の学説や判例では「一部妥当性監査にも踏み込む必要がある」と解釈されていると考えられるケースが多くなっています。従って，ただ単に遵法を確認するのみではなく，経営視点での判断が求められることを，執行側と監査役双方が，監査役選任時にも，また選任後にも留意しておく必要があります。

5　予防監査と事後監査の違い

　監査を実施するタイミングとして，「予防監査」と「事後監査」という言葉があります。

　一般的に**予防監査**とは，監査上指摘すべき事項（特に不祥事など）が発生しないように，事象が起きる前に予防的に実施する監査を意味し，**事後監査**とは，何らかの事象が発生してしまった後に検証的に行う監査を意味します。

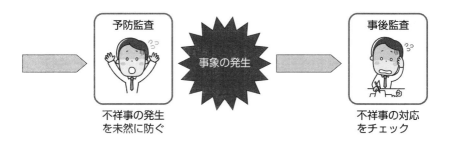

　監査役等監査においては，予防監査を主眼とした監査が推奨されています。なぜ予防監査を主眼とした監査を行うべきなのかについては，日本取引所自主規制法人が2018年に公表した「上場企業における不祥事予防のプリンシプル」

の序文からも，その思想が読み取れます（以下引用）。

> • 不祥事は，その社会的影響の広がりに加え，当該企業の社会的評価を下げ，業績に悪影響を及ぼし，株価の下落も相俟ってその企業価値を毀損します。さらに，上場会社の間で不祥事が頻発するような資本市場は，コーポレート・ガバナンスが機能していない市場とみなされ，その信頼性を失うこととなります。
>
> • 日本取引所自主規制法人は2016年２月に『不祥事対応のプリンシプル』を策定し，実際に不祥事に直面した上場会社の速やかな信頼回復と確かな企業価値の再生に向けた指針を示しました。しかし，不祥事がまれな事象でなくなった現状において，不祥事の発生そのものを予防する取組みが上場会社の間で実効性を持って進められる必要性が高まっています。

（出典：日本取引所自主規制法人「上場企業における不祥事予防のプリンシプル」序文）

　監査役等が株主から求められているのは，取締役の職務執行を監査することですが，その真髄は，監査の結果として「企業価値が中長期的に向上すること」であると考えられます。

　そのためには，企業価値の大きな毀損要因になる不祥事をそもそも起こさせないことが最も重要です。不祥事「予防」が出来るタイミングである，何らかの事象の発生前の段階に効果的にアプローチ出来るのは三様監査の中で監査役等のみであり，とりわけ監査役等監査に対し大きな期待が持たれています。

　なお，前述の「上場企業における不祥事予防のプリンシプル」では，不祥事を予防するための具体的取組として，以下のようなものが挙げられています（以下，同プリンシプルより抜粋）。

① **実を伴った実態把握**

　　自社のコンプライアンスの状況を制度・実態の両面にわたり<u>正確に把握</u>する。その際，明文の法令・ルールの遵守にとどまらず，取引先・顧客・従業員など<u>ステークホルダーへの誠実な対応</u>や，広く社会規範を踏まえた業務運営の在り方にも着眼する。

　　また，<u>社内慣習や業界慣行を無反省に所与のものとせず</u>，また規範に対する社会的意識の変化にも鋭敏な感覚を持つ。

② **使命感に裏付けられた職責の全う**

　　経営陣は，コンプライアンスにコミットし，その旨を継続的に発信し，<u>コンプライアンス違反を誘発させない</u>よう<u>事業実態に即した経営目標の設定</u>や業務遂行を行う。

　　監査機関及び監督機関は，<u>自身が担う牽制機能の重要性を常に意識し</u>，<u>必要十分な情報収集</u>と<u>客観的な分析・評価</u>に基づき，<u>積極的に行動</u>する。

③ **双方向のコミュニケーション**

　　<u>現場と経営陣の間の双方向のコミュニケーションを充実させ</u>，現場と経営陣がコンプライアンス意識を共有する。

④ **不正の芽の察知と機敏な対処**

　　コンプライアンス違反を<u>早期に把握</u>し，<u>迅速に対処</u>することで，それが重大な不祥事に発展することを未然に防止する。

　　早期発見と迅速な対処，それに続く業務改善まで，<u>一連のサイクルを企業文化として定着させる。</u>

⑤ **グループ全体を貫く経営管理**

　　管理体制の構築に当たっては，自社グループの構造や特性に即して，各グループ会社の経営上の重要性や抱えるリスクの高低等を踏まえることが重要である。特に<u>海外子会社</u>や<u>買収子会社</u>にはその特性に応じた実効性ある経営管理が求められる。

⑥　サプライチェーンを展望した責任感

　　業務委託先や仕入先・販売先などで問題が発生した場合においても，サプライチェーンにおける当事者としての役割を意識し，それに見合った責務を果たすよう努める。

　つまり，監査役等としても，「受け身」で情報を待つのではなく，自ら積極的に情報収集に動き，不祥事の芽を摘むことが重要です。監査計画を組み立てる際にも，事後検証のみならず予防的な動きとなっているか，自己検証してみることも必要だと考えられます。

 6　業務監査と会計監査の違い

　監査の対象の違いとして，「業務監査」と「会計監査」という言葉があります。

　業務監査とは，取締役の職務の執行についての監査全般を指します。具体的には，取締役の職務の執行そのものである，会社が行っているあらゆる業務について適法性・妥当性の両面から監査し，取締役等に報告や助言・勧告を行います。また，特に適法性の観点から重大な問題があると考えられるときは，当該行為の差止請求など，会社法に定められた措置を講じる必要があります。

　また，取締役の職務の執行のうち，下記については特に法定された行為であり，監査役等としては必ず監査する必要があります。

① 不正行為や法令・定款違反の事実及びその恐れの有無の確認
② 善管注意義務及び経営判断原則に基づいた意思決定状況の確認
③ 取締役間の職務執行の相互監督状況の確認
④ 競業取引・利益相反取引の承認状況の確認

⑤　関連当事者との一般的でない取引

⑥　忠実義務違反の有無の確認

⑦　内部統制システムに係る取締役会決議の内容及び内部統制システムの構築・運用状況の相当性（法令等遵守体制，リスク管理体制，情報保存管理体制などの内部統制システムの適切な構築・運用）の確認

　なお，内部統制システムとは会社に存在する内部統制全般を指し，「財務報告に係る内部統制（いわゆる J-SOX）」より大きな範囲を含んでいますので注意が必要です。

　会計監査は，計算関係書類の適正性についての監査を指します。会計監査人が未設置の場合や，特別な事情がある場合は監査役等が自ら会計監査を実施しなければならないこともありますが，会計監査人が選任されている場合，会計監査は一次的に会計監査人が行うことになっています。そのため，監査役等としては主に，会計監査人の監査結果の相当性（会計監査人は適切な内部統制を持ち，実施した監査の結果は相当であるか）を確認し，自身では業務監査で得た情報をもとに総括的・概括的な会計監査を行う，というダブルチェックを行うことで，計算書類の適正性を確保することとされています。

　なお，特に公認会計士など会計や経理をバックグラウンドに持つ方が監査役等に就任した場合などでは，監査役等として実施する監査が会計監査に終始してしまっていることがあります。監査役等監査では業務監査と会計監査のどちらも実施する必要がありますので，留意が必要です。

　ただし，監査役設置会社であれば，監査役の職務を会計に限定する旨の定款規定を設けることで，監査役の職務を会計監査に限定することができます（会社法第389条）。上場企業の子会社等でこの規定を活用し，負担軽減を図っているケースもありますが，この場合，当該子会社の「業務監査」はどうするのか，親会社監査役を含め検討する必要があります。

7 監査役等監査と会計監査人（監査人）監査の違い

「会計監査人」（もしくは「監査人」。会計監査人と実質同一であり，以下「会計監査人」とする）とは，会計監査を行う会社の機関です。前述のように，本来会計監査は監査役等が行うべき監査範囲の一部ですが，会計監査には特別な専門知識が必要なことから，一定の場合※には公認会計士もしくは（公認会計士の集団である）監査法人の監査を受けることが法律で定められています。

監査役等と会計監査人については，監査のタイミングと内容が全く異なっています。

監査役等監査は，取締役の職務執行について事前・事後にわたって適法性（と一部妥当性）の監査を行います。一方，**会計監査人監査**は，取締役の職務執行の結果である財務諸表の表現の適正性について監査を行います。時々，不正などの不祥事が明るみになった際に会計監査人を責める声が上がることがありますが，会計監査人は行為の結果の表現が正しいかを中心に監査を行いますので，そもそも行為自体が不正か否か，詳細まで遡って検討することは想定されていないことに留意が必要です。

なお，監査役等と会計監査人も効率的な監査実施のため連携を取ることが推奨されていますが，両者の視点は前述のように異なっていますので，先に情報に触れる機会が多い監査役等の側から，会計監査人に決定事項や会社の動向など十分な情報提供を行うことが重要です。

※ 「一定の場合」……以下の場合は会計監査人を設置しなければならない，とされています。
- 会社法上の大会社（資本金5億円以上又は負債200億円以上）
- 監査等委員会設置会社
- 指名委員会等設置会社
- 上場会社

1　三様監査の連携とは

さらに，監査役等，内部監査，会計監査人の三者が，会社を取り巻く「三様監査」として連携を取ることも推奨されています。前述の通り三者は見ているものが異なりますが，同じ会社を見ているという点では，ある監査体で発見した事項が他の監査での重要な視点になることもあるため，ぜひ積極的な情報交換を行いたいものです。

一般的には，概ね半年〜四半期程度のペースで，それぞれの監査の進捗状況や発見したリスク事項などについて共有及び情報交換を行い，お互いの監査上の視点や留意事項について確認しあうことが多いようです（☞P.104も参照）。

8　監査役監査と内部監査の違い

会社を取り巻く監査の話をするうえで，最も混同されるのが「監査役監査」と「内部監査」です。しかし，両者の役割は全く異なりますので，違いをしっかりと認識しておく必要があります。

<u>監査役監査</u>は「株主」に代わり「取締役」を監査することがその職務です。一方，<u>内部監査</u>は「取締役」に代わり「従業員」を監査することがその職務です。従って，誰の目線で監査するか，また誰を監査するかが全く異なっています。

	誰の代わりに	誰を監査するか
監査役監査	株　　主	取　締　役
内 部 監 査	取　締　役	従　業　員

従って，身分が取締役ではない監査役は，一義的には内部監査に依拠したり，指示命令を出したりすることは出来ませんが，効率化を図るため相互の連携を取ることが推奨されています。

一方，監査等委員会や（指名委員会等設置会社における）監査委員会では，組織監査が前提のため，内部監査部門に直接指示命令を出したり，報告を受けることで内部監査をコントロールすることが業務の主体となります。

　なお，最近の世界的な潮流は（監査実施主体が取締役を併任しているケースが多いため）内部監査の報告を「取締役」と「監査役（監査委員等）」のどちらにも行う**ダブルレポーティングライン**が重視される傾向にありますが，これに倣い，監査役会設置会社を選択している会社でも（理論面はさておき）ダブルレポーティングを実施しているところがあります。

9　社外取締役と社外監査役の違い

　「社外『取締役』」と「社外『監査役』」をまとめて「社外役員」と呼称することがあります。また，役員就任を希望されている方の中でも両者を区別せず，「社外役員に就任したい」と仰るケースもお見掛けしますが，両者は一義的には責任が異なりますので注意が必要です。

　社外取締役は，取締役なので他の取締役を「監督（☞P.39）」することが職務であり，経営の効率性や妥当性を監査することが主な視点となります。一方，**社外監査役**は，監査役なので他の取締役を「監査（☞P.15）」することが職務であり，業務執行の適法性（と一部妥当性）を監査することが主な視点となります。

	職　　　務	視　　点
社外取締役	取締役の職務執行の**監督**	経営の効率性・妥当性
社外監査役	取締役の職務執行の**監査**	業務執行の適法性（と一部妥当性）

　ただし，両者の責任範囲の境界線については，どのような場面でも明確に引けるかというと難しい局面も存在します。特にベンチャー企業や中小企業では

社外取締役の人数が十分揃っていないケースなどもありますので，上記役割や責任を理解した上で，場合によっては，自身の職務外である監督ないしは監査に踏み込んだ発言などがあっても良いと思われます。

 ## 10　社内監査役と社外監査役の違い

「社内」監査役と「社外」監査役は，役割の違いではなく，<u>出身の違い</u>を指します。会社法では社外監査役の役割や責任などについて別段の定めはないため，監査役の職務は出身の違いにより変わることはないと解釈されます。

　会社法における**社外**監査役に該当するためには，

> ①　監査役であって，その就任前10年間（その間に当該の会社又はその子会社の監査役であったことがある者は当該監査役への就任前10年間）当該の会社又はその子会社の取締役や支配人その他の使用人などになったことがないこと
>
> ②　当該会社の経営を支配している者又は親会社等の取締役，監査役，執行役や支配人その他の使用人や兄弟会社の業務執行取締役等との兼任でないこと
>
> ③　当該会社の取締役や支配人その他の重要な使用人又は当該会社の経営を支配している者の配偶者又は2親等内の親族でないこと

の全てを満たしていることが必要です（会社法第2条第16号）。つまり，就任前10年間において「1日でも当該会社の取締役の指揮命令下に置かれたことがない」者であると解釈されます。

　監査役会を組成するためには，監査役3名以上のうち半数以上を社外監査役としなければなりません（会社法第335条第3項）が，監査役候補者を探す際に，これまでお付き合いのある顧問税理士や顧問弁護士にお声がけするケース

がよくあります。

しかしこのような場合，その方の社外性が問題になることがあります。一般的に顧問契約とは業務執行に関する助言指導などがメインとなるため，「取締役の指揮命令下」に置かれた契約であると解釈され，社外性を満たさないと考えられることがあります。ただし実際の契約内容等により個別の判断は分かれますので，このような方を社外役員として選任することを検討されている場合は，事前に顧問弁護士等に確認を取られた方が良いと思われます。

なお，社内監査役の定義について会社法に定めはありませんが，社外監査役でない監査役を指すことが多いようです。

 ## 社外役員と独立役員の違い

「社外」「社内」はその役員の出身の違いにより区別されますが，「社外」には「社外監査役（もしくは取締役）」に加え**「独立役員」**という言葉もあります。

これは規定される根拠の違いによるもので，「社外監査役（取締役）」は会社法で規定された文言ですが，「独立役員」は東証の上場規則で規定された文言であり，会社法の社外規定より，独立性に関し一段重い規定となっています。

なお，上場時には独立役員を1名以上選任することが求められますので，上場を検討する際には役員の選任時に独立役員要件についても留意することが必要です。

 ## 常勤監査役と非常勤監査役の違い

監査役としての勤務の態様の違いとして「**常勤**監査役」と「**非常勤**監査役」という言葉があります。

　ただし「常勤」がどれくらいの勤務を指すかは法令上の規定はなく、「自身が善管注意義務を十分履行していると判断する」業務量であると考えられています。しかし、過去の判例からは週2日では常勤とは言い難い、といった判断もありますので、最低でも週3日以上の出勤と解釈しているケースが一般的です。また、江頭憲治郎著「株式会社法」では「他に常勤の仕事がなく、会社の営業時間中原則としてその会社の監査役の職務に専念する者（第8版P.562）」と解説されており、これを常勤性判断の拠り所としていることも多いようです（詳細は☞P.164参照）。

　他方、非常勤監査役は特に判断例はなく、「常勤でない」監査役は「非常勤」監査役と理解されているようです。つまり、非常勤監査役も明確な日数や時間の決まりがある訳ではなく、監査役会等で決定された自らの監査分担を満たすことができ、自らの善管注意義務を履行していると判断される日数での勤務をすべき、と理解されます。

　また、☞P.13で述べているように、監査役会設置会社では1名以上の常勤監査役設置が求められているため、もし常勤監査役を欠くことになった場合は速やかに新しい常勤監査役を選任する必要があります。

　さらに、常勤監査役の役割・権限・義務・責任等について法令上特段の定めがあるわけではないため、役割や権限、義務、責任については常勤監査役も非常勤監査役も基本的に差異はないことに留意が必要です。

　なお、非常勤の役員は社外出身である場合が多いため、「非常勤」と「社外」を混同して呼称しているケースを見かけますが、前述のように常勤／非常勤は勤務の態様、社内／社外は出身の違いによるものですので、当然「社外常勤役員」「社内非常勤役員」という方も存在します。

13 その他監査役の種類・呼称

■ 特定監査役 （会社法施行規則第132条第5項）

　会計監査人や特定取締役に対して監査報告の内容を通知し，会計監査人から通知を受けるために選定される監査役です。選定は任意ですが，選定していないときは，全ての監査役が特定監査役になります。

　通常，常勤監査役が特定監査役として選定されるケースが多いようです。また選定のタイミングは常勤監査役選定と同時に（通常は監査役を選任した株主総会直後の監査役会で）行うケースが多いようです（☞ P.107も参照）。

■ 特別監査役 （会社法第383条）

　「特別取締役による取締役会（特別取締役会）」に出席する監査役です。特別取締役が選定されていなければ選定は不要です。また，特別取締役が選定されている場合でも選定は任意ですが，選定していないときは，特別取締役会には全ての監査役が出席しなければなりません。

■ 補欠監査役 （会社法第329条第3項）

　監査役の死去や辞任により，法令・定款で定めた監査役の員数を欠くこととなる場合に備えて，予め株主総会で選任しておく補欠の監査役です。補欠監査役は選任された時点では補欠に過ぎず，現任監査役の誰かが欠員となった場合にはじめて監査役となります。監査役の万が一の欠員に対し，保険的な意味合いで選任している会社が多いようです。

　補欠監査役の要件は，監査役の欠格要件に該当しない者であれば誰であっても問題ありませんが，社外者が半数以上必要，という監査役会の構成要件を鑑み，過去に顧問契約などのない士業の方などを選任するケースが多いようです。

　また，補欠監査役の報酬については，実際の稼働や責任関係は（欠員がなければ）何もありませんので，無報酬としている例が多いように見受けられます

が，待機状態で居ていただくことに対し少額の謝礼を支払っていることもあるようです。なお，日本監査役協会「第23回定時株主総会後の監査役等の体制に関する年次調査集計結果（2023年2月17日）」によれば，補欠監査役を選任している上場企業は，監査役会設置会社で40.9%，報酬は6割超の企業で支給していないという結果になっています。

❹　仮監査役・一時監査役 (会社法第346条第1項第2項)

「補欠監査役」の項で述べたような事由により，必要な監査役の員数が欠けた場合，同社の利害関係人が裁判所に申し立てることで，一時監査役の職務を行うべき者として「仮監査役」（もしくは「一時監査役」と呼ばれる）を選任することができます。ただ，実務上は手続の煩雑さやどのような方が選任されるか執行側は分からないことなどから，予め補欠監査役を選任しておくケースの方が多いようです。

❺　常任監査役

会社法上定められた役職ではなく，常勤監査役とほぼ同義の任意の呼称です。現在の常勤監査役に関する制度が確立する以前の，1981年の商法改正で一時期「常任監査役制度」が導入されていたことから，今でもこの呼称を継続している会社が一部存在します。

その他，「上席常勤監査役」等についても同様で，会社法上の規定ではなく，社内における序列を示しているものです。

第Ⅲ章
コーポレートガバナンスとは？

 なぜ今「コーポレートガバナンス」？

　コーポレートガバナンスという言葉が聞かれるようになり久しいですが，現在でもその意味を正確に理解してお話されている方は必ずしも多くないと感じます。中には「コンプライアンス」と混同され「法令や規程を守ることでしょう？」と認識されている方もお見掛けするほどです。

　コーポレートガバナンスは直訳すれば**「企業統治」**であり，「統治」とは「まとめ，治めること」という意味を持っていますが，この意味の範囲での「統治」であるならば，例えば役職を設け上位者の意思決定を下位へ伝達するなど，現状でも多くの会社でそれなりの体制は敷いていると思われます。

　しかしながら，コーポレートガバナンスに求められていることは「ただ治めていれば良い」というものではありません。会社は株主のものですから，経営者は株主が求めること，すなわち企業価値を増大させ，利益を最大限還元する，という大目標を達成しなければなりませんが，経営を行う中ではどうしても経営者の甘えや驕りが生じ，大目標と逆の行動をとってしまうことがあります。経営者に株主の意向通りの行動をとってもらうためには，経営者を律する仕組み，監視する仕組みが必要であり，これが「コーポレートガバナンス」として真に求められていることになります。

日本企業においては，高度経済成長を支えたいわゆる「日本型経営」がバブル崩壊を経て行き詰まり，その後長い低迷の時代を迎えましたが，日本企業が世界市場で勝てなくなってしまった原因として，コーポレートガバナンスの欠如が指摘されるようになりました。

　そこで，2014年に閣議決定された「『日本再興戦略』改訂2014」において，「**コーポレートガバナンス・コード**」の策定について言及がなされ，「OECDコーポレート・ガバナンス原則」をベースとした日本版「コーポレートガバナンス・コード」が東証と金融庁による有識者会議で取りまとめられ，制定されるに至りました。

　この「コーポレートガバナンス・コード」の制定を受け，東証1・2部（当時）の上場企業は当該コードに「**遵守（コンプライ）**」していることを表明するか，遵守していなければ「**説明（エクスプレイン）**」することを求められるようになり，現在に至ります。

　多くの会社はこの制定により初めて「コーポレートガバナンス」に正面から向き合う必要が生じ，中には大慌てで形式的な遵守の形を作った，という会社もあったようです。つまり，日本企業におけるコーポレートガバナンスは，十分浸透しているとはまだ言い難い状況であると言えます。

❷　監査役等とコーポレートガバナンスの関係

　さて，監査役等にとっては，なぜコーポレートガバナンスが重要なのでしょうか。

　前述の通り，監査役等の職務は「取締役の職務執行を監査する」ことですが，監査役等にもコーポレートガバナンスの一翼としての任務が期待されています。

　コーポレートガバナンス・コードでは，監査役（もしくは監査役会，監査等委員会など）に対し，取締役会がコンプライアンスを遵守したうえで健全なリスクテイクを行い，会社の持続的成長と中長期的な企業価値の向上を促し，収

益力・資本効率等の改善を図る行動を取っているかについて，監査・監督等その機関に求められた機能を，株主から「受託」された責任を念頭に十分に発揮することで監視することを求めています。

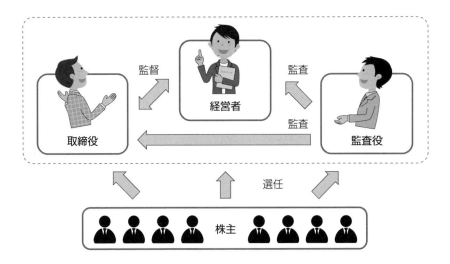

　つまり取締役，取締役会がきちんと株主が求める企業価値の中長期的向上に資する動きをしているかについて，**「監査」もしくは「監督」という観点から監視することこそ，コーポレートガバナンス**であり，取締役会での相互監督と併せ，コーポレートガバナンスの根幹を担うものであると解釈されます。

　なお，日本監査役協会が公表している「監査役監査基準」では，Lv.4（努力義務・望ましい事項）として，

> 　監査役及び監査役会は，取締役会が担う以下の監督機能が会社の持続的成長と中長期的な企業価値の向上を促しかつ収益力・資本効率等の改善を図るべく適切に発揮されているのかを監視するとともに，**自らの職責の範囲内でこれらの監督機能の一部を担うものとする**（監査役監査基準　第4章　第13条第2項）。

とされており，一部「監督」にも踏み込むべき，という方向性が示されてい

ます。当該規定には法的拘束力はなく，自社の監査役監査基準にこの文言を取り入れるかは各社の判断に任されますが，コーポレートガバナンスの主旨を良く理解した上で慎重な判断・行動を取ることが必要です。

3　コーポレートガバナンスは「守り」？

　企業経営では「攻め」と「守り」という言葉が良く使われます。

　「攻め」とは，リスクを取り，売上や利益を上げていくこと，一方「守り」とはその逆で，リスクを避けること，管理することといった文脈で語られることが多いようです。また，「攻め」と「守り」は社内の部署に対しても使われ，例えば営業は「攻め」，管理部門は「守り」と言われたりもします。さらに，ベンチャー企業では鋭角での成長が求められるため，「攻め」が重視され，「守り」が軽視されるという傾向も存在します。

　そして，コーポレートガバナンスは「守り」と分類され考えられることが多いようで，コーポレートガバナンスという言葉を出すと「自社には関係ない」とか「成長の支障になる」と言われてしまうこともあるようです。

　しかしながら，前述の通り，コーポレートガバナンスとはそもそも**「企業価値の最大化」**のための仕組みづくりを指し，健全な成長を阻害するものではありません。

　例えば，経済産業省の主導で策定された「コーポレート・ガバナンス・システムに関する実務指針」（2017年3月31日策定，2018年9月28日改訂）では，コーポレートガバナンスの意義について以下のように述べられています。

> 　コーポレートガバナンス改革は，過去20年以上にわたって企業価値が低迷し続けてきた我が国の現状から脱却し，人材の有効活用を通じたイノベーションによる**付加価値の創出**や**生産性の向上**を通じて，**企業の持続的**

な成長と中長期的な企業価値の向上を図り，その果実が従業員や消費者等にも広く均霑され，投資や消費拡大による経済成長につながるという好循環が実現される経済システムを構築することを目指している。

従って，正しくコーポレートガバナンスに取り組むことは，決して消極的な「守り」ではないと言えます。

 ## 自社にとってベストのコーポレートガバナンスを考えるには

■ まずはCEO（社長）の理解・意識付けから

自社にとって最適なコーポレートガバナンスを設計し，実効的に運用していくためには，どのようなことを検討し実施すればよいのでしょうか。

まず，コーポレートガバナンスの中心的役割を果たすのは，やはり経営陣である取締役のトップである**社長ないしはCEO**（最高経営責任者）を置いて他にいません。まずは社長・CEOがきちんと「コーポレートガバナンス」というものを理解し，自社に最適なデザイン（仕組み）を策定することが求められます。

なお，デザインを策定するうえで具体的に考えなければならないこととしては，

① 「中長期的な企業価値向上を志向した経営判断」を行ううえで軸となる「経営戦略」の策定
② 自社に合う優秀な社長・CEO，経営陣の選定
③ 健全なリスクテイクを促すための，適切なインセンティブの付与
④ 成果のチェック

の4点があります。

　ただいずれも，狭く同質的な知見の中での意思決定や，取締役等の経営陣自らが自分たちを過度に評価する，いわゆるお手盛りの状態になってはいけません。広く多様な知見や，客観的な視点を意思決定に取り込むためには，経営事項の最終意思決定機関である取締役会が，自社の経営判断を行ううえで最高と考えられるメンバーであること，そして取締役会メンバーのそれぞれが各人に求められている職務を十分に果たすことが必要です。

❷　どのような会社にしていきたいか？から取締役会の機能を考える

　前述の通り，コーポレートガバナンスを考える上で根幹となるのが，**取締役会の機能**です。

　取締役会は会社の業務執行に関する意思決定と監督を担う機関ですが，特に意思決定については，会社法で規定されている重要な意思決定事項以外のどこまでを取締役会が担うか，また取締役会が担わなかった事項はどの組織体が担うか，等は各社の判断に任されています。

　会社が行う意思決定の内容には，経営方針や戦略等「経営」に関すること，経営の方向性を実行する「執行」に関することの2つが含まれますが，このうち執行を誰が担うかにより，取締役会に求められる機能が変わってきます。

　一般的には，

① 「経営」と「執行」が一体となった**「マネジメント型（もしくはオペレーティング型）取締役会」**

② 両者を分離して取締役会は「経営」に特化し，執行は執行役員等に任せる**「モニタリング型取締役会」**

の2つの考え方がありますが，両者ははっきりと二分されるものではなく，両者の間には幾重にもパターンが存在します。

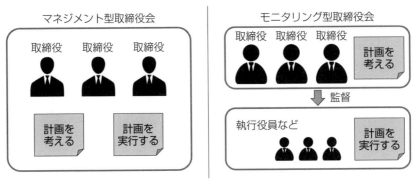

ただし，両者の間にはいくつものパターンが存在する

　つまり，取締役会の機能というものを検討するには，このような考え方を踏まえ，自社の取締役会がどうあるべきかを最初に考える必要があります。検討には例えば会社規模，ビジネスモデル，企業理念や社風，機関設計や組織設計，そして執行側の意向等も踏まえながら，自社に最適な形を模索することになります。

　取締役会の方向性が固まると，取締役会のもう一つの重要な機能である**監督業務**についても何をすべきかが見えてきます。

　監督業務とは，取締役個々人の業務執行を取締役が相互に監視監督することをいいますが，経営におけるPDCAサイクルのP（プラン）とC（チェック）に関与することと考えると分かりやすいかもしれません。経営に関するP（プラン＝経営方針や経営計画）の妥当性を検討し，そのプラン通りの成果が出ているかをC（チェック）する，という行為が監督業務に該当します。

従って，執行も行う「マネジメント型取締役会」の場合は，PDCAの全てを取締役会で決定します。一方，経営に特化した「モニタリング型取締役会」の場合は，PDCAのうちPとCを取締役会が担い，DとAを執行機関が担うことになります。

　取締役が行う「C（チェック）」の結果は，個々の取締役の「指名（ないしは選任・解任）」と「報酬」に表現されます。十分な能力を発揮出来ない取締役は交代させる必要がありますし，業務の評価は報酬に反映する必要があるためです。

　なお，この指名・報酬による監督機能を，指名委員会等設置会社では指名委員会・報酬委員会がそれぞれ検討する形態，監査等委員会設置会社では監査等委員会が検討する形態となります。

　監督機能が弱いと，例えば社長が思い付きだけで十分な検討もせず新規事業を行ったり，取締役が決定事項を満足に実行しなかったり，といった行為を防止・発見出来ないことになります。この監督機能が弱くなる原因には，社長の権力が表面的・潜在的に強く他の取締役は何も意見出来ない，等がありますが，考えうる原因について対処していくこともコーポレートガバナンス強化のためには大変重要です。

　このように，自社にとっての取締役会の機能が明確になると，そのメンバーとしてどのような人が適任か，という課題も答えが自ずと見えてきます。例えばマネジメント型の色が強い取締役会に，業務執行を行わないお目付け役の取締役が沢山いても，現場から掛け離れた空中戦の議論になってしまい十分な機能は望めないでしょう。また，取締役「会」としてのパフォーマンスを考えると「○○に強い人」等，メンバーの強み・弱みのバランスも重要になります。

　従って，まずは取締役会の役割を明確化し，その後取締役の必要要件やバランスを言語化していく，というプロセスを踏むことが重要です。

❸　取締役会の機能と機関設計の関係

　取締役会の機能がマネジメント型・モニタリング型いずれの場合でも，どの

機関設計を採用しても法令上は問題がありませんが，ガバナンスの理論上は整合しない面があります。

特に監査等委員会設置会社，指名委員会等設置会社は非業務執行者や監査実施者が「取締役」の立場として，監督機能も担い，取締役会で1票を持って意思決定をすることとなります。そのため，例えばマネジメント型の取締役会を志向しているにも関わらず，社外取締役が大半を占める指名委員会等設置会社を選択すると，マネジメント業務を行わない方が取締役会の大半を占めざるを得ないことになってしまい，マネジメントについての深度ある議論が十分望めないことになってします。

会社として目指す取締役会の姿を十分達成出来るよう，機関設計については取締役の人数等コスト面等からの検討だけではなく，ガバナンスの面からもきちんと検討することが必要です。

④　外部の知見としての社外取締役の選定・活用

取締役に必要な人材が明確になったら，次はそのような方をどこから招聘するか，という検討を行います。多くの企業では，取締役のポジションは社内でのキャリアの最終地点であり，社内での昇進を突き詰めた方が就いているケースをよく見かけますが，本当にそのような選ばれ方をした方が前述の「自社の取締役としての必要要件」を満たしているか，については慎重に検討する必要があります。

また，一昔前の会社では，取締役は社内からの昇進メンバーのみで構成されていましたが，最近では取締役会に外部の知見を入れること，また多様性を重視することの重要性が説かれています。

社外取締役は，一言でいうと<u>過去にその会社や子会社等の役員や従業員でなかった取締役</u>を指します（詳細な要件は会社法第2条第15号に規定あり。役割は☞P.26も参照）。つまり過去にその企業との関係がなく，社内の力関係やしがらみの外にいる方となります。また，社内の暗黙知や社風とも無関係であり，会社にとっての「当たり前」と社会の「当たり前」の差を指摘することが出来

る存在です。

　近年の不祥事の傾向を見てみると，不正が「社内にとって当たり前」の状況で，特に疑問にも思わず行われていたケースが多く見受けられます。また，炎上案件の対応を執行側が誤り，会社の風評に大きな影響が合ったケースもありました。外部の知見は会社の狭い視野を広げ，意思決定を誤らないために必要かつ貴重な存在であると言えます。

　なお，現在では，2018年改訂のコーポレートガバナンス・コードで社外取締役を２名以上設置することが求められる等，「社外取締役を設置しなければならない」という風潮が高まっているため，2022年時点では全上場企業の85.4％には２名以上の独立社外取締役が設置されていますが（出典：株式会社東京証券取引所　東証上場会社における独立社外取締役の選任状況及び指名委員会・報酬委員会の設置状況　2022年８月３日），この中には「とりあえず設置が求められたから」と，あまり取締役の「必要要件」を吟味せず，有名だったり国家資格を持っている，等の理由のみで選任されたケースも多いようです。他方，最近はその社外取締役が本当に十分に役割を果たしているか，という視点からの外部からの目が厳しくなっている傾向があり，人選に慎重になっている会社も増えています。

　一方で，社外取締役として本当に力を発揮出来る人材はごく少数であり，人材の取り合いも活発化しています。

　特に創業から長い年数の経った中小企業では，長く社内の人間のみで経営がなされてきていることも多く，社外取締役を新しく入れることに抵抗がある場合も多いと思われます。また，ベンチャー企業でもマネジメント型取締役会を志向している場合等では「とにかく黙っていてくれる人」を選任したい，等というケースも多いようです。

　しかし，社外取締役はただのお目付け役ではなく，一緒に企業を成長させる「経営陣」の一員です。多くの経営者は日頃から経営の方向性を検討する際に新しい知見をくれる「壁打ち役」「アドバイザー」のような方をお持ちだと思

いますが，そのような方を選任すると，取締役会に社内では持ちえない新しい視点，今まで検討してこなかった角度からの視点を持ち込んでもらうことができ，経営を加速させることに大いに役立ちます。

　逆に，経営経験の乏しい方を社外取締役に選任することはあまりおすすめ出来ません。業務執行を行わない取締役であっても，会社の経営全般に対し責任を負うことになりますので，例えば専門家の方等で「専門外のことは判断出来ない」と言って憚らないような方を選任することは，お互いにマイナスのリスクが高いと思われます。経営に関し専門的見地からのみの意見を得たい場合には，社外取締役ではなく顧問やアドバイザー等での起用を検討すべきです。

　そして，選任した社外取締役にきちんとワークしてもらうには，「何を期待するか（逆に何を期待しないか）」を明確にすること，そして日常的な社内からのサポートを行うことがポイントです。

　社外取締役は業務執行を行わない取締役のため，ただ選任しただけではどうしても，何を期待されているのかが不明瞭になりがちです。ぜひ前述のような検討を実施した上で人選を行い，可能であれば明文化する等して，お互いに何を期待している・されているのかをきちんと認識しておくことが重要です。

　また，社内のサポート体制を整えることは，就任した社外取締役が実効的に活動出来るようにするためにも重要です。社外取締役は非常勤として選任されるケースが多く，情報収集に十分な時間を割けないことが多くあります。どんなに良い方を選任しても，情報がなければ役割に応じた力を発揮してもらうことは困難ですので，適時に情報を共有することが出来るよう，社内からの発信の体制を整えておくことをおすすめします。例えば，取締役会決議事項を事前に共有する（完全に固まっていない段階でも，早いうちに方向性や選択肢を添えて説明する），経営会議等の「実質的な方向性を決定する場」の議事録等を共有する，社内の親睦イベント等に招待し，社内の雰囲気等をつかんでもらう，等といった方法が考えられます。

　さらに，常勤の監査役等から社外取締役に情報提供することも一案です。リ

スクの共有や意見交換にも繋がりますし，社内取締役のフィルターを通さない視点からの情報共有は，監査役等と社外取締役の双方にメリットがあるものと思われます。

⑤ コーポレートガバナンスの次のステップ

　コーポレートガバナンスを整え，充実させていく上で，前述の取締役会の機能検討と取締役人材の検討，機関設計の検討，社外取締役の検討は基本中の基本として実施すべきことですが，次なるステップアップとしては，これらの基本機能が十分に発揮されるような「仕組み」を整えていくことが重要です。

1　指名委員会・報酬委員会の設置

　ガバナンスの観点からは，誰をCEOや取締役に選任・解任するかといった問題の他，CEOや取締役の育成計画やその実行状況等に対し監督機能を発揮することが求められますが，極力客観的かつ十分な議論を行うために，任意の機関として「指名委員会」を設置することも一案です。

　また，上記監督が実効的であるために，同じく任意の機関として「報酬委員会」の設置も検討に値します。

　ただし，権力を持つCEO等が自らの意思や行動を正当化するため，形式的にこれらの委員会を設置しているケースも見られます。このような機関を設置する場合には，人選の客観性や議長を独立性の高い方にする等，傀儡ではないことが外部から見ても分かる形にするよう留意する必要があります。

　指名委員会ではCEO・取締役の選任・解任についての諮問，報酬委員会ではCEO・取締役の報酬についての諮問が主な業務となりますが，いずれにせよ「基準」がなければ判断することも出来ません。まずは基準を明確に定め，その基準に従った判断を行うこととなります。

　また，検討の範囲については社外取締役も含まれるべきと考えられますが，自己評価とならないように，社外取締役に関する事項については社内取締役が検討する等，工夫が必要となります。なお，2022年時点では全上場企業のうち，

指名委員会は54.0％，報酬委員会は57.7％の企業に設置されています（出典：株式会社東京証券取引所　東証上場会社における独立社外取締役の選任状況及び指名委員会・報酬委員会の設置状況　2022年8月3日）。

2　CEOの選解任

　会社は永久に継続する「継続企業」を前提として運営され，会計上もそのような前提下で処理が行われています。つまり，人間の寿命より会社の方が長生きすることになりますので，どのような会社であっても継続する限りはいずれ経営トップ（ここではCEOと表現）の交代が必要となります。

　誰がCEOに就くかは企業価値を大きく左右する重要な意思決定ですが，これまでは「前任社長の一存」「大株主の意向」「副社長がそのままスライド」等による選任で，CEOに必要な素質や抜擢の方法，育成の方法について十分な検討が行われてこなかった会社がほとんどだと思われます。また，若い社長のベンチャー企業等では自身が退任するなどそもそもイメージがわかず，このような投げかけを行っても「だいぶ先の話」として流されてしまうことも多いようです。

　しかしながら，人間の寿命や将来の健康状態は誰にも分かりませんし，不祥事等があれば責任を取り退任することも十分にあり得ます。株主に対する責任の一つとして，経営の混乱を招かないよう前もって検討しておくことが重要です。

　また，検討には「どのような人を」「どこから」選ぶか，という2つの視点からの検討が必要です。自社に最も合い，企業価値を向上させるCEOを選ぶという観点からは，社内からの昇格だけではなく，社外から招聘することが正しい場合も考えられます。これまでの抜擢方針に固執せず，フラットな検討が求められます。

　しかし，毎回社外からの招聘となると，良いタイミングで良い方を毎回呼べるとは限りません。安定的な選抜が出来るよう，社内人材の育成も重要です。自社の経営者として求められる素質，キャリア等を明確にし，そのような素質

をもった人材をどのように見極めるか，またどのようなキャリアを積ませるか，長期スパンでの検討が求められます。

3 相談役・顧問制度の見直し

　古い会社などではCEO（社長）や取締役等のOB／OGが「相談役」や「顧問」等という肩書で多数の方が名を連ねていることがあります。また若いベンチャー企業でも，社長の知り合いや有名人等を「顧問」として置いているケースも見受けられます。肩書の通りに経営相談や顧問的役割として何らかの活動を行っている場合もありますが，名誉職として名前だけを置いていたり，取締役時代の報酬の後払いのために相談役等として残っているケースもあるようです。また立場もあいまいで，非業務執行取締役として取締役会の一員となっていたり，業務委託等としているケースがあるようです。

　この相談役・顧問については，以下の問題が指摘されています。

---

①　実質的にCEOより強い権限を持ち，社長が相談役・顧問に対し経営判断について「お伺い」を立てているようなケースがある

②　取締役会の決定があったとしても，彼らの「鶴の一声」でひっくり返ってしまうケースがある

③　活動実態がないのに報酬を払っていた場合や，活動実態に見合わない高額報酬が支払われていた場合，当該報酬は本来会社として支払う必要のない無駄なコストである可能性がある

④　報酬の決め方もあいまいなことが多く，会社ではなく個人を利する判断がなされている可能性がある

⑤　取締役として十分な素質やパフォーマンスを発揮出来ていないのに，過去の業績や人間関係で取締役に就任し続けている

　もちろんCEO等が先輩に相談出来るというのは良い面も多くありますし，

例えば人脈を生かし社外とのアライアンスやロビー活動等を行っている，などの活動実態があれば，会社にとってもメリットは大きく，相談役・顧問制度は必ずしも全面的に否定されるものではありません。そのため，取締役と同様に，まずは求める役割を明確化し，当該役割に見合った処遇（報酬等）を設定するべきです。

　ただし，その立場ははっきりさせておく必要があります。特に取締役として在任している場合は，現状のガバナンスを飛び越えた存在とならないよう，良く検討すべきです。

第IV章
監査役等監査の基本

 監査役等は何をベースに監査業務を行えば良いか？

　この章では，監査役等の年間の職務内容について，計画の策定から実際の監査業務までを解説します。

　監査役等は会社に対し善管注意義務を負っており，その職務を通じて当該義務を履行する必要がありますが，「どれくらいの監査を実施すれば当該義務を果たしたと言えるのか」という問いには絶対的なボーダーラインはなく，一義的には当該監査役等が「これだけの監査を実施すれば当該義務を果たせる」と自ら考えた監査を実施する必要があります。

　しかしながら，能力やバックグラウンドの異なる監査役等が，それぞれ自身の考える監査のみを実施すると各社ごとのばらつきが大きいことや，基礎的なナレッジは各社で共有することで効率化を図った方が良いこと等から，監査役等監査のベースになるものとして，日本監査役協会から「**監査役監査基準**」「**監査役監査実施要領**」が，また更に分かりやすい解説として，同協会から「**新任監査役ガイド**」が，それぞれ公表されています。

1 監査役監査基準

監査役監査基準は，監査役及び監査役監査の行動基準として制定されたもので，1975年の制定以降数回の改正を経て現在に至っています。多くの会社では当該監査役監査基準をもとに自社の監査役監査基準や監査要領を策定し，監査役の規律としています。

なお現在の監査役監査基準は，法定事項から実施が望まれる事項までLv.1〜Lv.5までのレベル分けがなされており，どのレベルまで実施するかについては，各社で選択が出来る形となっています（併せて「監査等委員会監査等基準」「監査委員会監査基準」も公表されています）。

2 監査役監査実施要領

監査役監査実施要領は，監査役監査のベストプラクティスと思われる内容について取りまとめられたもので，1991年の制定以降数回の改正を経て現在に至っています。監査役監査業務で「現実的に実施出来る・すべき」ものをまとめたもので，年間を通じて，一般的に実施すべきと考えられる監査や基礎知識が網羅されています。

一般的には上記「監査役監査基準」をベースに監査計画を組み立て，実際の監査は監査役監査実施要領を参考にしていることが多いようです。

3 新任監査役ガイド

新任監査役ガイドは，上記2点を新任監査役向けにもっとかみ砕いた内容で，新任監査役が当たりやすい諸問題の他，監査役に関する法律知識や日本監査役協会の活用法等についてQ&A方式で触れられています（監査等委員向けには「新任監査等委員ガイド」も公表されています）。

なお，本書ではベンチャー企業・中小企業の監査役等が実施すべき基本的な監査役等監査に触れていますが，個々の監査の詳細な視点等については上記「監査役監査実施要領」も併せて確認していただくのが良いかと思われます。

2　ベンチャー企業・中小企業の監査役等が身につけておくべき知識・倫理観

■　監査役等が身につけておくべき知識は法律知識と会計知識

　ベンチャー企業・中小企業の監査役等が，まず身につけておくべき知識は**法律知識**と**会計知識**の２点です。

　特に小さな会社では，監査役等に情報が上がってくるまでに社内で十分な法的調査・検討が行われているとは限らないことから，検討されている内容が網羅的か，十分な検討が行われたかの判断がつくレベルでの法律知識の素養が必要になってきます。

　監査役等全員が弁護士レベルの法律知識を身につけることは不可能ですが，以下に例示するような自社に関連のある法令については，最低限どのようなことが書かれ，どのような規制となっているか，といった程度はきちんと把握しておきましょう。

【監査役等が知っておきたい法律】

---

① 　会社法

② 　下請法

③ 　労務関係法令（労働基準法，労働安全衛生法，労働契約法など）

④ 　情報関係法令（個人情報保護法，電気通信事業法，サイバーセキュリティ基本法，著作権法など）

⑤ 　その他関連業法（景品表示法など）

　また，会計知識については，自身で会計監査を実施しなければならない場合がある他，会計監査人が十分な検討を尽くしたか監査役等が確認する必要があります。そのため，監査役等であっても，少なくとも自身の会社に関連する重要な会計基準の概要は把握しておきたいところです。

なお，これまで会計にほとんどタッチしてこなかったという方は，まずは**財務諸表の読み方**や**財務分析の基礎的な部分**も学ばれることをおすすめします（なお会計に関する知識や詳細な会計監査手法については，本書では割愛します）。

　その他，経営に関する知識は，あればある分だけプラスになります。**戦略論**や**組織論**等，可能な限り手を広げて吸収してみることをおすすめします。

❷　必要な知識をどのように身につけていくか
1　書籍の活用
　前述のような知識を身につけていく上で，もっとも簡便でポピュラーな方法は書籍です。まずはそれぞれの分野の入門書，専門書を活用していきましょう。

2　日本監査役協会の活用
　書籍以外では，日本監査役協会に加入することもおすすめです。一流の講師による研修会や講演会に無料もしくは低価格で参加出来る他，「実務部会」という他社監査役等との相互研鑽の場もあります。
　なお，日本監査役協会への入会や会費負担を執行側が渋るケースがあるようです。渋る理由としてはコストパフォーマンス面からの懸念が最も多いようですが，例えば積極的に研修会へ参加し，勉強してきた内容を取締役や社内にも共有する等の「一工夫」を行うと，執行側も会費負担に納得しやすいかと思われます。

3　人脈の活用
　その他，頼れる人を沢山持っておくことも重要です。会社で契約している顧問弁護士や税理士，社会保険労務士，監査法人とは普段から積極的にコミュニケーションを取り，日常的な相談相手として活用することをおすすめします。また，監査役もしくは監査役会が直接顧問弁護士等と契約しているケースもあ

ります。特に有事の際は至急のアドバイスが必要になることもありますので，平時から人脈を広げておき，すぐに相談出来る体制を敷いておくことは大変有用です（詳細は☞P.128）。

3　ベンチャー企業・中小企業の監査役等に求められる「倫理観」とは

監査役等という職務に就く以上，とにもかくにもまず求められるのは**倫理観**であることは間違いありません。

ただ，多くの方は「自分はこれまで大きく道を外すことなく真っ当に生きてきた」「間違っていることは間違っていると判断出来る」とお考えでしょうし，実際そうだろうと思います。

しかし，特にベンチャー企業や中小企業の監査役等は，以下のような場面に出くわすことが多くあります。

①　ガバナンスが仕組みとして存在していない

コーポレートガバナンスの整備が未成熟で，仕組みとしてのコーポレートガバナンスが存在していないことがあります。その場合の多くは経営陣や株主間の力関係のバランスの上に何とか成り立っている事が多いのですが，そのバランスが少しでも崩れたり，然るべき情報が行きわたらない等のことがあると，制御すべき人が制御出来ない，といった状況が発生し得ます。

そのため，監査役等個人が執行側の問題に対し「そもそもどうあるべきか」を深く考え，意見具申する必要がある場面が多数出てくることになります。

②　執行側が「誰も考えたことすらない」ことをする

今まで誰も行っていない，また大企業では出来ないようなことを出来るのがベンチャー企業であり，またそれがベンチャー企業の醍醐味でもあるのですが，法整備はおろか一般的な世論も追い付いていないような，斬新な事業

を行うことも多いのが悩ましいところです。

　何らかの規範が確立していればその規範に合わせた監査が可能ですが，そのような頼れるものが何一つない場合，監査役等個人の現時点での価値観も正しいとは限らなくなってきます。

　そのような中で監査を行わなければならない場合，求められてくるのは一般的な倫理観というよりは監査役等個人の人間性です。この事業は社会から見てどうか，利用者は安全に，また安心して利用出来るものか，など会社として・個人として何を大事にするべきか，自身の「軸」をしっかりと持ち，執行側とディスカッションしていく必要があります。

3　監査役等に内定したらすぐにやること

■　引き継ぎスケジュール等の相談

　監査役等監査の準備は内定直後から始まります。まずは引き継ぎや準備をスムーズに受けられるよう，関係者とのスケジュール調整から始めましょう。

　特に社外からの就任の場合は機密情報へのアクセス等のハードルもありますが，就任後スムーズに会社の概要をキャッチアップし業務に取り組めるよう，出来るだけ早い段階で，以下の内容について執行側と相談するようにしましょう。

---

① 前任の常勤監査役・非常勤監査役等がいる場合は引き継ぎスケジュール（就任前か後か，どれくらいの期間で可能なのか）

② 前任者がいない場合は，会社概要等について説明を受けられるよう，担当取締役等への依頼

③ 株主総会や取締役会，監査役会，その他重要会議の日程確認及び日程調整

---

❷　取締役会・監査役会のメンバー，執行役員，部長，内部監査メンバー等との顔合わせ

他の取締役会・監査役会のメンバーとは出来るだけ早いうちに挨拶を済ませておきましょう。株主総会の日になって初めて挨拶する，というパターンも多いようですが，これから長い期間一緒に仕事をするメンバーですし，それぞれどのようなバックグラウンドを持ち何を大切にしているかを知ることは，今後の監査実施上も重要な情報になり得ます。オフィシャルな場だけではなく，ランチや懇親会等アンオフィシャルな場でも良いと思いますので，ぜひ早いうちからコミュニケーションを取っておくことをお勧めします。

また，可能であれば執行役員や部長クラスの方，内部監査メンバー，重要ポジションのメンバー等とも顔を合わせておきましょう。

❸　引き継ぎや説明を受けるべき内容

前任監査役等からの引き継ぎや，担当取締役から説明を受ける際には，以下の項目はもれなく確認するようにしましょう。なお，前任監査役等が以下事項について十分把握していない事もありますので，その場合は適宜担当者や担当取締役等に確認します。

なお，非常勤監査役等としての就任の場合も，情報は多い方が理解が深まりますので，ぜひ積極的に引き継ぎもしくは確認するようにしましょう。

（※印は非常勤監査役等も最低限確認しておくべき内容）

①　会社に関すること

➢　※事業の概況（HP等には掲載していない内容，「本音」の部分を中心に）

➢　※組織の概況（出来れば部長級以上は個人名も併せて確認）

➢　※会社を取り巻く顕在・潜在リスク

➢　※組織風土や経営者の姿勢等（特に監査役等に対する態度）

➢　※各取締役，監査役等の経歴（出来れば履歴書等を閲覧）

- ➤ 管理部門の人員体制やスキル
- ➤ 内部監査の人員体制やスキル，実施している監査の概要
- ➤ ※現在計画している新規事業や今後の方針等
- ➤ ※内部通報制度の概要，利用状況，通報があればその対応状況及び顚末
- ➤ ※その他問題や事件等があれば（出来るだけ過去のものも遡って把握しておきましょう）

② **監査役等監査に関すること**
- ➤ ※進行期及び過年度の，監査計画・監査調書
- ➤ ※代表取締役，取締役，会計監査人，内部監査部門，子会社とのコミュニケーションの状況
- ➤ ※監査環境や予算，監査実施上の課題　等

4 重要書類の内容確認

以下に掲げる書類は就任前後の出来るだけ早い段階で閲覧し，内容を把握しておきます。

① 企業理念，定款，取締役会規程，リスク管理に関する規程
② 就業規則，その他人事労務に関する規程
③ 監査役会規程，監査役監査基準等の監査役・監査役会等に関する規程（必要に応じ見直しも行いましょう）
④ その他重要と思われる規程
⑤ 過年度の計算書類，事業報告等（上場企業等で開示書類があれば当該書類も）
⑥ 過去の株主総会議事録，取締役会議事録，監査役会議事録，その他重要会議議事録等

⑦　過年度の監査調書（特に問題があった場合の，その内容と顛末）

⑧　過年度の監査報告

⑨　会計監査人が選任されている場合は，当該契約内容及び監査等の結果報告書面

⑩　進行期の経営計画・予算，中長期経営計画等

4　監査役等監査の基本は「リスクアプローチ」

　監査役等監査については，どのようなアプローチで行うべきか拘束力のある規定等は存在せず，監査役等が各個人で適切と思われる監査を行わなければならないと解釈されています。しかし，ある程度強力な権限を持っているとはいえ，自身のリソースや会社のリソースは有限であり，監査範囲の全ての項目をしらみつぶしに監査することは想定されていません。

　そこで覚えておきたいのが**「リスクアプローチ」**の観点です。リスクアプローチとは，監査役等が監査すべき範囲の全てを均一に監査するのではなく，より重要と思われる項目に集中的に資源を投下する，という考え方を指します。監査役等監査ではまず会社を取り巻くリスクを分析し，そのリスクに対応する形で監査リソースを投下していきます。

　一方，「重要なものだけ監査を行っておけば良い」というものではありません。リスクアプローチの観点はあくまでリソースをどこに重点投下するかを決定するために利用するものであり，特に法定されている監査項目，社内規程（監査役監査規程，監査役監査実施要領等）に記載されている監査項目は漏れることがないよう十分留意する必要があります。

　また，監査の結果を記し公表する監査報告書は日本監査役協会公表のひな型を利用するケースが多いですが，この記載内容と実際の監査内容にも齟齬がないよう留意しましょう。

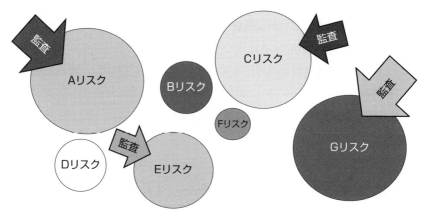

大きなリスクには重点的に監査資源を充てる

5 まずはリスクを分析する

　リスクアプローチの第一歩として，まず**会社を取り巻くリスクを分析する**ことから始めます。リスクとは厳密には「不確実性」のことを指し，良い方向，悪い方向どちらの不確実性も包含するものですが，監査役等の立場から，監査として対応しなければならないのは，主に悪い方向に進む可能性のある事項（会社の損失となりうるもの）になると思われます。

　リスク分析自体は監査役等のみが行うものではなく，本質的には取締役の業務執行の一環として行われるべきものです。従って基本的には，まず執行側の責任でのリスク分析を依頼し，それを監査役等は内容を吟味し利用するというのがあるべきスタンスですが，そこまで手が回らない場合には，「リスクの共通認識を醸成する，リスクを相互確認する」という意味合いで，監査役等も一緒に分析を行ってみても良いのではないかと思われます。

　なおリスク分析の手法はいくつかありますので，会社にあった方法での実施

で構いませんが，一般的には会社を取り巻く外的リスク，内的リスクを項目別に，また極力網羅的に洗い出し，点数付けを行う手法を取っている会社が多いようです。

また，上場すると有価証券報告書には「事業等のリスク」が記載されることになりますが，ここに記載される内容とリスクアプローチによる監査計画の基礎として，監査役等及び内部監査部門が把握するリスクは，基本的には上記で作成した分析結果からそれぞれ抽出されてくることになると考えられます。

なお，会社を取り巻くリスクは，その会社のステージや外部環境の変化で変わる可能性が高いですが，「変わらない」という可能性も当然あります。監査役等としても会社の内外をよく吟味し，どこにリスクがあるか，リスクの変動がないかをしっかり検討しましょう。

6　監査計画の立案

監査はその場の思い付きで実施しても，抜けや漏れが発生したり，全体から見て重要でないことを一生懸命やってしまう，等の問題が生じます。

そこで必要になってくるのが**監査計画**です。法定の監査項目を含む網羅性やリスクアプローチの観点から，「何を」「いつ」「どのような視点で」監査するかを考えていきます。

1　重点監査項目の決定

まずはリスクアプローチとして重点的に確認すべき事項，「重点監査項目」を決定します。前述のリスク分析の結果をベースに，ベンチャー企業や中小企業の規模感であれば年間およそ３〜４項目の選定が適当かと思われます。

例えば，「法務関係の人員の手当が少ない」という事象があった場合，「会社

が行おうとする行為が十分な法的検討を経ていない」リスクが考えられます。その場合は重点監査項目を「各行為の法的検討が十分行われているか」とし，各監査の実施時において法的検討をどのように経たかを確認する，等の対応が考えられます。

　なお，重点監査項目も，外的・内的環境が変化すればリスクと同様に変化すると考えられるため，少なくとも環境に何らかの変化があれば，変更要否を監査役会等で十分検討する必要があります。

❷　監査計画は中長期計画～個別計画まで立てる

　リスクと重点監査項目は必ずしも1年スパンで解決出来るものではないこともある他，1年間で監査出来る内容は限られていることから，監査計画は複数年の中長期計画から作成するのが望ましいでしょう。

1　中長期計画と年次計画

　重点監査項目が数年で重要リスクを総ざらい出来るように，中長期計画をまず立て，それをベースに年次計画を作成します。年次計画は決算月や繁忙月等を加味し，毎月のルーチン，イベント等を盛り込んでいきます。

　なお，各事業に対する監査や管理部門の監査等を計画する際は，各部門の繁忙時期を避けるなどの配慮も検討しましょう。いくら監査役等の権限が強力であるとはいえ，通常業務を妨害してしまっては元も子もありませんし，必要以上に時間が掛かってしまったり，十分な対応を取ってもらえずに不十分な監査で終わってしまう等，効率性や効果の観点からも良いとは言えません。

　また，監査計画には，一緒に監査役会等の決議事項・協議事項等もリストアップしておくと付議漏れを防げる他，管理も容易です。

2　月次での作業計画

　年次計画まで立てられたら，今度はそれをベースに月次・日次での個別の監査計画に落としていきます。

　日程，監査方法，ヒアリング対象者，職務分担（常勤のみか，全員で実施するか。また補助者（スタッフ）がいる場合は誰が稼働するか）等を検討し，スケジュール調整と被監査者・部門等を含めた関係者の調整を行います。

❸　監査費用の予算化

　監査を行うにあたり必要となる諸経費については，会社法上「監査役等が会社に請求した場合，会社は原則としてその支払いを拒否出来ない」という強力な権限を持っています（会社法第388条）。しかしながら，全社的な予算管理の観点からは，監査費用といえど全てを突発的な費用とするのではなく，ある程度計画が立てられるものについては予め予算化しておくことが望ましいでしょう。

　なお，実際に発生した監査費用の精算は，会社の経費精算フローに乗せているケースが多いようですが，前述の「支払いの拒否」に該当することがないよう，十分留意する必要があります。

年間監査計画例

監査スケジュール

実施項目			会計監査人との連携	内部監査との連携
期中監査				
1　重要会議出席	1－1	株主総会		
	1－2	取締役会		
	1－3	経営会議		
	1－4	その他重要会議（リスク管理委員会など）		▲
2　重要書類閲覧	2－1	法定備置書類確認		▲
	2－2	稟議書閲覧		▲
	2－3	契約書閲覧		▲
	2－4	役員株式売買記録閲覧		▲
	2－5	資金調達関係書類閲覧（Debt）		
	2－6	資金調達関係書類閲覧（Equity）		
	2－7	投資関連書類閲覧		
	2－8	融資関連書類閲覧		
3　定期会合・面談等	3－1	代表取締役社長ディスカッション		
	3－2	取締役ヒアリング		
	3－3	社外取締役ディスカッション		
	3－4	事業部長ヒアリング		
	3－5	その他従業員ヒアリング		▲
4　会計監査人との会合	4－1	監査計画説明聴取	●	
	4－2	監査結果報告会（四半期・期末）	●	
	4－3	会計監査人とのディスカッション（不定期）	●	
	4－4	会計監査人の職務遂行の適正性確保体制確認	●	
5　子会社・拠点監査	5－1	子会社監査（国内）		▲
	5－2	子会社監査（海外）		▲
	5－3	拠点監査（国内）		▲
	5－4	拠点監査（海外）		▲
	5－5	関連会社監査		▲
6　取締役の業務執行状況の監査	6－1	監査意見形成に必要な情報収集・審理		
	6－2	利益相反取引，競業等の監査（必要に応じ）		
	6－3	関連当事者取引監査		▲
	6－4	取締役業務執行確認書入手		
	6－5	経営課題への対応状況確認（全般）		
	6－5－1	個別経営課題①　人事労務		▲
	6－5－2	個別経営課題②　個人情報保護		▲
	6－5－3	個別経営課題③　情報セキュリティ		▲
	6－5－4	個別経営課題④　新規事業関連		▲
	6－5－5	個別経営課題⑤　コンプライアンス遵守状況確認		▲
7　内部統制監査（監査役による直接監査）	7－1	内部統制決議の相当性監査		
	7－2	各体制の構築・運用状況監査		●
	7－3	各内部統制監査（全般）		
	7－3－1	個別内部統制監査①　財務報告（J-SOX）		●
	7－3－2	個別内部統制監査②　内部通報		▲
	7－3－3	個別内部統制監査③　インサイダー取引		▲
8　内部監査確認	8－1	内部監査報告受領・ディスカッション		●
	8－2	三様監査ミーティング	●	●
9　会計監査	9－1	月次決算監査		
	9－2	四半期決算監査		▲
	9－3	四半期決算短信閲覧		▲
	9－4	四半期報告書閲覧		▲
	9－5	期中適時開示・プレスリリース等閲覧		
	9－6	会計監査人再任・選解任判断	●	
	9－7	会計監査人監査報酬額同意	●	
10　監査役会等運営	10－1	監査役会招集		
	10－2	監査役会議事録		
	10－3	指名・報酬委員会		
	10－4	グループ監査役協議会		
11　その他	11－1	外部セミナー等出席		
	11－2	目安箱・内部通報対応		
	11－3	監査計画策定		
	11－4	調書整理		

実施項目			会計監査人との連携	内部監査との連携
期末監査				
A　事前準備	A－1	決算・総会スケジュール確認		
	A－2	トピック確認		
B　会計監査	B－1	会計監査人監査立会	●	
	B－2	会計監査人監査報告書受領	●	
	B－3	計算書類監査		
	B－4	会計監査人の監査方法及び結果の相当性の監査	●	
C　事業報告監査	C－1	事業報告監査		
D　監査報告書作成	D－1	監査役監査報告書		
	D－2	監査役会監査報告書		
E　その他書類監査	E－1	決算短信閲覧		
	E－2	招集通知閲覧・株主総会議題監査		
	E－3	有価証券報告書閲覧		
	E－4	期末適時開示・プレスリリース等閲覧		
	E－5	コーポレートガバナンス報告書閲覧		
F　株主総会監査	F－1	総会前監査（チェックリスト確認）		
	F－2	当日監査（チェックリスト確認）		
	F－3	終了後監査（チェックリスト確認）		

担当者		××年											
全監査役	常勤監査役	1月	2月	3月	4月	5月	6月	7月	8月	9月	10月	11月	12月
●				○									
●		○	○	○	○	○	○	○	○	○	○	○	○
	●	○	○	○	○	○	○	○	○	○	○	○	○
	●	←——————————————————————————→											
	●				○								
	●	○			○			○			○		
	●		○			○			○			○	
	●			○						○			
	●	←——————————————————————————→											
	●	←——————————————————————————→											
	●	←——————————————————————————→											
	●	←——————————————————————————→											
●		○						○					
●	●	←——————————————————————————→											
	●			○						○			
	●	←——————————————————————————→											
●				○		○			○			○	
●				○						○			
	●	←——————————————————————————→											
●									○				
	●				○						○		
	●	○							○				
	●												○
	●												○
	●	○						○					
●		○	○	○	○	○	○	○	○	○	○	○	○
●		○	○	○	○	○	○	○	○	○	○	○	○
●		○	○	○	○	○	○	○	○	○	○	○	○
	●			○									
	●	←——————————————————————————→											
	●						○						
	●								○				
	●	←——————————————————————————→											
	●												○
●					○								
	●							○					
	●	←——————————————————————————→											
	●										○		
	●									○			
	●			○						○			
	●					○						○	
	●		○										
	●	○	○	○	○	○	○	○	○	○	○	○	○
	●					○			○			○	
	●					○			○			○	
	●					○			○			○	
	●	○							○				
	●		○										
●					○								
	●	○	○	○	○	○	○	○	○	○	○	○	○
●		○					○			○			
●		○											→
	●	←——————————————————————————→											
	●						○						
	●	○	○	○	○	○	○	○	○	○	○	○	○

担当者		××年											
全監査役	常勤監査役	1月	2月	3月	4月	5月	6月	7月	8月	9月	10月	11月	12月
●		○											○
●		○											○
	●	○											
	●			○	○								
●				○									
●				○									
●				○									
●				○									
●													
●				○									
●				○									
●					○								
	●	←———————→											
	●			○									
	●			○									
●				○									
	●				○								

7 監査調書とは

　監査役等の行為には売上などの数値が伴ってこないことが多く，きちんと監査を実施したのか，必要なことを行ったのか，後になって検証する手段は極めて限定的にならざるを得ません。そのような中，もし仮に訴訟等になった際に，いくら口頭で「言った，実施した」と説明しても，他の証拠が揃っていなければ大変弱い立場に置かれることになります。

　そこで重要な証拠となるのが監査調書です。監査調書を作成することにより，監査実施の証拠となる他，自身の備忘，監査の振り返りと翌年以降のブラッシュアップへの活用など，様々な面でメリットがあります。ぜひ「監査を実施したら監査調書を速やかに作成する」ことを習慣づけましょう。

　なお，監査調書は取締役会議事録や監査役会議事録等と異なり，原則として外部に開示されることはありません。そのため，機密事項など議事録に残しておくのにはハードルがある内容についても，出来るだけ監査調書に残しておくことをおすすめします。ちなみに，「監査調書」を正式な書類として残し，その他調書には残しづらい内容や議事メモなどを，自身の「手許メモ」として作成を分けているケースも見かけますが，いざ訴訟等となった際には，どちらに書いていたかによる効力の差はあまりないようです。

　監査調書には，原則として下記のような内容が記載されている必要があります。

【監査調書の記載内容】

① 作成日・作成者

② 監査日時

③ 監査実施者

④ 監査の目的（何を立証するために当該監査を実施したか）

⑤ 監査手法

⑥ 対象部署，対象者

⑦ 具体的な監査内容，ヒアリング内容など

⑧ 所見

⑨ 監査の結果

⑩ 結論（結果をもって監査役等としてどのような判断を下したか）

⑪ フォローアップ監査の要否，（要の場合は）フォローアップ監査の内容

⑫ 業務執行取締役に対するアクションの要否

　必要に応じ，また監査の内容に応じ加除があって良いと思われますが，少なくとも「後任の監査役等がこの調書を見て同じ監査を再現出来る」レベルには情報を残しておきましょう。

　また，記載が漏れがちなのが「**監査の目的（何のために監査するのか）**」「**結論（監査役等としてどのような判断を下したか）**」の2点です。この2点が明確でないと，何のために当該監査を実施したのか，また監査を実施した結果監査役等としてどのように判断したか，が明確にならず，せっかく実施した監査が的を射ていない可能性もあります。ぜひ上記2点は毎回の監査で確認することをおすすめします。

（参考）　監査調書の作成例

●●部の業務に関する監査調書

作成日：●月●日
作成者：△　△　△
監査実施者：×　×　×

監査の目的：●●部の業務が適法性及び妥当性をもって実施されているか確かめる。

監 査 手 法：書類閲覧，担当部長へのヒアリング，担当者へのヒアリング

対象部署・対象者：●●部　部長○○氏，担当者××氏

監 査 内 容：

- ●●部の決裁書類（●●に関する申請書）を閲覧し，法令違反行為が行われていないかを確かめる。

関 連 法 規：○○法，○○法

- 部長の○○氏に，業務の実施状況及び法令違反行為の有無についてヒアリングを実施する。～～～

所　　　　見：

① 決裁書類を閲覧したところ，一部，○○法で禁止されている行為を窺わせる内容があった。
　　具体的には，～～～
② …

監査の結果：

●●部の××において一部違法行為があることが発見された。原因は～～～

結　　　　論：

●●部の業務が適法及び妥当性をもって実施されているとは言い難い状況である。

フォローアップ監査：

改善状況について●月に再度監査を実施する。
フォローアップ監査の内容としては～～

業務担当取締役に対するアクション：

速やかに上記状況を伝達し，改善を要請する。

---

8 監査役等監査は「ルーチンワーク」と「イベントワーク」に分けられる

　監査役等監査は大きく，毎月もしくは毎期定例的に行う「ルーチンワーク」と，イベントの発生ごとに行う「イベントワーク」に分けられます。本書では監査役等監査をこの2つに分解し，それぞれ説明していきます。

■ ルーチンワーク

　本書においてルーチンワークとは，毎月などのタイミングで定例的に行う監査を指します。ベンチャー企業や中小企業で一般的に実施すべきと思われる監査事項について，以下監査上のポイントを解説します。

1　重要会議出席

(1)　取締役会への出席と監査のポイント

　会社法上「監査役は，**取締役会に出席**し，必要があると認めるときは，**意見を述べなければならない**」とされており，監査役は取締役会への出席義務，及び必要がある場合の意見申述義務があります（会社法第383条第1項）。

　その際，監査役等としては以下の視点をもって取締役会の監査を行う必要があります。

---

　① **開催要件等**
- 当該取締役会の開催手続は，法令定款等に基づいているか（もしくは法令定款等に基づいて作成された規程に従っているか）
- 付議事項に過不足はないか
- 付議事項のうち，必要があるものについては事前に監査役等が調査を行っているか
- 定足数は充足しているか，採決の方法は適切か

- 取締役会は少なくとも３か月に１回以上開催されているか

② 開 催 中
- 議事運営は定款，規程等に基づき行われているか
- 議案には経営判断原則（☞P.69）に則った判断を行うことが出来るよう，十分な資料が添付されているか，また必要に応じ事前説明等が行われているか
- 採決は経営判断原則に則り，十分な審議を経て合理的判断がなされているか
- 少なくとも３か月に１回以上，代表取締役・業務執行取締役が職務執行状況について報告しているか

③ 開 催 後
- 取締役会議事録が速やかに作成され，議事内容が正しく記載されているか
- 法定記載事項は漏れなく記載されているか
- 経営判断原則に則った判断が行われたことの証拠となる記録・資料は適切に添付されているか
- 出席取締役，監査役等の署名または記名押印があるか
- 決議事項の開示の必要性について確認・検討されているか
- 決議事項，報告事項の内容は適法かつ適切に実行されているか

　これらの内容を監査し，当該内容は監査調書として記録，保管しておきます。通常，毎回同様の内容について監査する必要がありますので，チェックシート等のような形式で，もれなくチェックすることも良いでしょう。
　また，取締役会議事録は株主の請求等により外部に一部開示される可能性もあります。そのため，機微情報に該当する事項まで事細かに記載することは却ってリスクとなる恐れもありますので，記載内容についてはある程度の吟味

を行うべきです。一方，監査役等の発言について記載がなされない場合，前述の意見申述義務を十分果たしたかの説明が困難になる可能性もあります。そのため，もし議事録への記載がどうしても難しい内容の発言を行った場合には，次善の策として監査調書にメモとして残しておくことも考えられます。

さらに，一部妥当性に踏み込んだ視点として，
- ➢ 誰に対し，何の価値を提供するのか，をはっきりさせる
- ➢ 失敗や撤退について予め定義しておく

といった観点からの意見も，経営判断を明確化させる意味で大変有用と考えられます。

Column 1　経営判断原則とは

経営判断原則とは，判例法上の概念で，「下記のような点に基づき合理的かつ誠実に下した判断は，取締役の経営事項に係る幅広い裁量の範囲内として，結果として会社に損害が生じても，取締役の善管注意義務違反は問わない」というものです。
具体的には，
- ➢ 事実認識に重要かつ不注意な誤りがないこと
- ➢ 意思決定過程が合理的であること
- ➢ 意思決定内容が法令や定款等に違反していないこと
- ➢ 意思決定内容が通常の企業経営者として明らかに不合理でないこと
- ➢ 意思決定が取締役の利益，第三者の利益等ではなく，会社の利益を第一に考えてなされていること

が判断のポイントとなっています。
取締役といえどもエスパーではありませんから，どれだけ経営センスがあっても未来を正確に予想することは当然不可能です。しかし結果が悪かったことをもってその責任を問うと，取締役は失敗のリスクを回避せざるを得ず，健全なリスクすら取れなくなってしまい，会社の健全な成長を阻害することになってしまいます。そのため，取締役を萎縮させず健全なリスクを取って成長が出来るよう，このような判断基準で責任を判断されるケースが積み上がっています。

(2)　その他重要会議への出席と監査のポイント

　株主総会，取締役会，監査役会以外の社内会議については，出席は法定されていませんが，情報収集や意見具申を目的に出席することは監査上も有用です。

　特に，取締役会は通常，一からの議論の場となることは少なく，大まかな方向性は執行役員クラスや部長クラスなどの会議体で別途決定しているケースも多いですが，このような会議体で決定したことを取締役会で根本からひっくり返すことは非常に大変で効率も悪いため，出来ればこのような会議体での議論の段階から監査役等も関与し，大きく方向性を誤らせないことも重要です。

①　どのような会議に出席すべきか？

　監査役等がどの会議に出席するかは悩ましいところですが，「実質的な業務執行の意思（方向性）決定」が行われている場合は出席すべきと考えられます。また，リスク管理委員会やコンプライアンス委員会など内部統制システムの一機能として存在する会議体，重要な情報交換や議論が行われる会議体などには情報収集の目的も兼ね，出来るだけ参加するようにしましょう。

②　誰が参加するか？

　多くの会議は週次などでの開催が主だと思われますので，基本的には常勤の監査役等が出席し情報収集することになろうかと考えられますが，非常勤監査役等も都合がつけば出来るだけ参加することが望ましいです。

　また，非常勤監査役等で参加が叶わなかった場合も，常勤の監査役等から報告を受けたり，議事録を閲覧するなどして情報収集に努めましょう。

③　出席時のポイント

　出席時の視点としては「情報収集」「大きく方向性を誤りそうな際の意見具申」の２点が主です。ただし，あまりにも発言しすぎると業務執行に強い影響が及ぶことも懸念されますので，あくまでオブザーバーとしての出席など一線を引くことも重要です。

④　監査役等の出席を拒まれたらどうするか？

　時々「監査役等が会議への出席を希望しているものの拒まれている」という話も耳にします。理由としては「会議に関係ない人を呼びたくない」「詳細をよく分かっていない人の発言で議論が迷走することを避けたい」という声を多く聞きますが，中には「監査役等に細かいことをあれこれ言われたくない」といった声も耳にします。しかし，監査役等には業務調査権があり（会社法第382条2項等），アクセス出来ない会議体等がある場合，当該権利を侵害していると捉えられる可能性もあります。監査役等側の対応としては，まず上記の権利を前提に，なぜその会議体に監査役等が出席するのか意義を丁寧に説明するとともに，トンチンカンな発言をしないよう事前の資料の読み込み等を欠かさないようにし，執行側の懸念に応えていくことが重要です。

　また，もし出席しないという判断となった場合も，必要に応じ議事録を閲覧することで情報収集することも考えられます。きれいな形の議事録でなくメモ等の形であっても，議論の経過は十分に確認出来ると思いますので，現場の負担にならない形で情報収集が出来るようにしておきましょう。

2　重要書類閲覧

　各種議事録や重要な契約書，稟議書，開示書類など，会社にとって重要と思われる書類については監査役として目を通し，適法性・妥当性の確認を行います。

　なお，最近の会社では，特に社内決裁などは従前のように「書類」の形ではなく，ワークフローなどで完結しているケースもありますが，ここではワークフローも重要書類の一類型として扱います。

(1)　まずは回付の「仕組み」を整えておく

　監査上確認したい重要書類をもれなく確認するためには，極力書類が向こうから自動的にやって来るようにすることが重要です。つまり，回付ルートの中に監査役等を組み込むことが最も分かりやすいのですが，決裁スピードの関係

で難しい場合は，網羅的な情報ストックに監査役等がアクセス出来るようにし，それを定期的に確認しに行く，という方法も考えられます。

　なお，開示書類などは印刷などに必要な日数がありますので，スケジュールをよく確認したうえ，監査法人への提出などと同時に確認するのが望ましいと思われます。

(2)　閲覧書類の選定ポイント

　何が重要書類に該当するかは各社で異なってきますが，会社の動きが分かるもの，また金額的・質的に重要なものは閲覧漏れがないようにしましょう。

　例えば以下のような書類が該当します。

---

① **規　程　等**
- 定款，各種規程類，労使協定など

② **重要な会議の議事録**
- 株主総会，取締役会，経営会議，リスク管理委員会など

③ **決裁書類等**
- 重要な契約書，稟議書など

④ **予算・決算関係書類**
- 事業計画書，予算関連書類，決算関連書類，開示関係書類（可能な限り適時開示やプレスリリースなども）

⑤ **業務関連数値等**
- 「締め会」や「朝礼」などで公表される全社や部門向けの説明資料など

⑥ **子会社関連書類**

⑦ **そ　の　他**
- クレーム関係書類，訴訟等があれば関連書類など，法令等違反の可能性がある事項が記載される可能性のあるもの

---

(3) 誰が閲覧するか？

　定款や各種規程類，法定議事録は監査役等全員で閲覧・確認しましょう。その他の書類については，分量の多さ等の理由から主に常勤の監査役等が閲覧することが考えられますが，特に重要と思われる書類は極力監査役等全員での閲覧・確認が望まれます。

(4) 重要書類閲覧時の監査ポイント

　重要書類を閲覧する際には，以下のようなポイントを確認しましょう。

---

① **必要事項がもれなく記載されているか，虚偽の内容の記載はないか**

　　特に記載すべき事項が法定されている，取締役会議事録等の法定議事録や就業規則などでは，必要事項がもれなく，かつ正しい内容で記載されているか確認します。

② **決裁に至るまでに然るべき内部統制のルートを通ってきているか**

　　例えば契約関係であれば法務担当者のチェックが行われているか，など確認しましょう。万が一逸脱があった場合はなぜ逸脱したか，根本原因を確認します。

③ **決裁ルート及び最終決裁者に問題がないか**

　　本来あるべきルートの逸脱（本来起案すべき部署と異なる部署からの起案など），上位者の自己承認，事後承認などが発生していないことを確認します。

④ **内容が法令・定款等に違反していないか，また経営判断として妥当な金額・内容か**

　　明らかな法令違反の内容とまではいかずとも，中小企業等では「お友達」に対し不当に高いもしくは安い金額での取引を行うなどの行為が時々見られます。取締役の業務執行，ないしは経営判断の観点から明らかに不合理な内容でないことを確認しましょう。

---

(5) 回付してもらえない場合はどうしたら良いか？

　時々，重要書類を回付してもらえない，という相談をいただくことがあります。原因としては「執行側の認識不足等による業務フローの不備」「何か隠しごとがあり，あえて見せないようにしている」という2パターンが考えられます。

　前者の「執行側の認識不足等による業務フローの不備」であれば，監査役等も当該書類を閲覧したい旨をよく説明し，もれなく回付されるようにフローに組み込んでもらうことが良いと思われます。また，適時の確認が必ずしも必要でないような書類であれば，ストックを作っておいてもらい，定期的にそのストックを確認する，という手も考えられます。監査役等が承認スピードの日常的なボトルネックになってはいけませんので，その点は監査役等側も配慮しましょう（もちろん止めるべき場面で止めることは必要です）。

　後者の「何か隠しごとがあり，あえて見せないようにしている」と考えられる場合は，なぜ見せられないのか，まずは合理的な説明を求めましょう。監査役等には法定された調査権，報告聴取権がありますから，当該権利を説明し，権利を侵害する場合には監査が出来なくなること，監査報告に影響が及ぶ可能性があることを丁寧に説明しましょう。

　ただ，「監査役等には見せられないものがある」というのは，不祥事を隠している可能性も大いにあります。見せられないという説明に対しては，決して「仕方ない」で片付けず，慎重かつ納得が得られるまでしつこく確認すべきです。

3　報告聴取や定期会合・面談など

(1) 報告聴取とは

　会社法上，「監査役は，いつでも，取締役及び会計参与並びに支配人その他の使用人に対して事業の報告を求め（中略）ることができる」（会社法第381条第2項）とあり，**監査役等の報告聴取権**が規定されています。

　報告を聴取する一番の目的は「監査の基礎となる情報の収集」です。実際に

業務執行を行っている方からの話が一般的には最も実態を的確に表現出来るはずで，監査の基本行為とも言えます。

　ただし，1人からの報告聴取のみで監査判断までを完結することは極力避けましょう。報告は人の話である以上嘘や真実でないことが混ざる可能性もあり，証拠としての力は必ずしも高いとは言えません。必要に応じ記録など別の証拠を確認したり，複数名から報告を受け矛盾点がないことを確認するなど，1人の話を鵜呑みにすることがないよう留意しましょう。

⑵　何を聴取するか？

　業務執行の状況全般が対象となります。具体的には，現在進行中の業務のみならず，新規事業等の検討状況，リスク情報，クレームやトラブル，法令違反や内部通報などイレギュラーな事態の発生状況なども考えられます。

⑶　誰が聴取するか？

　代表取締役や取締役など，重要な役職者については極力監査役等全員での聴取が望まれますが，一般従業員などに対しては常勤の監査役等がこまめに聴取することが良いと思われます。

⑷　誰から，何を聴取するか？

　代表取締役や取締役，執行役員，内部統制システム上の重要ポジションのみならず，その他一般従業員からの聴取も大変参考になります。上層部と現場で理解や実施業務の乖離が発生していることも往々にしてありますので，現場で何が起きているかを監査役等が把握することも非常に重要です。

①　代表取締役

　会社の要である代表取締役からは，前述のような報告聴取はもちろんすべきですが，代表取締役は一つ一つの執行の詳細までは把握していないケースがほとんどです。そのため，詳細な業務執行の話よりは，大所高所からの視

点をベースにした話がメインになろうかと思われます。

また，監査役等側が一方的に話を聞くのみならず，随時意見交換を行い，会社の方向性の確認や見ている方向の確認を行うことも重要です。例えば一部をアンオフィシャルな形とするのも良いですので，出来るだけ本音ベースでの議論を行い，実のある監査に繋げるようにしましょう。

② 取 締 役

各取締役からは，出来るだけ定例で報告聴取を行うことが望まれます。自身の管掌業務の進捗状況，リスク情報等については些細と思われる内容であっても報告を求め，情報格差が極力少なくなるようにします。

③ 社外取締役

社外取締役も監査役等の監査対象ですので，善管注意義務を果たしているかという視点での監査は必要ですが，非業務執行者の場合，業務執行に関する報告聴取は不要となります。

一方，社外取締役が見ている視点と監査役等が見ている視点を連携させることは，双方にとり大変有益であると考えられます。また，社外取締役は一般的に監査役等と比べ情報量が少ないことがあります。監査役等から社外取締役への情報提供という意味でも，連携は重要だと考えられます。

一般的なテーマとしては業務執行状況やリスク情報，経営計画などについてのモニタリングの状況などが考えられますが，監査と監督という視点からのテーマが主になってくると思われます。

なお，時々監査役会に「毎回」オブザーバーとして社外取締役が参加しているという例を聞くことがありますが，前述の通り社外取締役も監査役等の監査対象ということを考えると，あまりにも境界線を低くしすぎることも問題だと思われます。監査役等のみで議論出来る時間も設けるなどの工夫があっても良いかもしれません。

④　執行役員・部長

　各事業やチームの責任者たる，執行役員や部長クラスの方からの報告聴取も必要です。業務執行をどこまで任せているかは各社様々ですので，聴取内容もそれにより変わりますが，前述の取締役と同様，管掌業務の進捗状況とリスク情報については定例的に確認するようにしましょう。

⑤　一般の従業員

　内部統制システム上重要な役割を持っていない，一般の従業員の方からお話を伺うことも監査上は大変有用です。特に現場で起きていること，経営幹部と現場の乖離，逆に上意下達すぎる環境などは，不正発生のリスクもありますので，現場の生の声から実際に何が起きているのかを判断することは非常に良い示唆が得られると思われます。

　ただ，「監査役の報告聴取」などと銘打って場を設けると，かしこまってしまって形式的・表面的な話に終始してしまう可能性もあります。出来るだけ気楽に，安心して話せるような環境づくりや，継続的に実施することで関係性を作っていくことも重要です。

　確認すると良い内容としては，
　　➤　業務上感じていること（良いこと・悪いことを含め）
　　➤　業務上困っていること
　　➤　人事労務関係（ハラスメント，サービス残業など，上長や役員等の
　　　　一方的な不当評価の有無など）
などは非常に重要な情報になると思われます。最初のうちはあまり「リスク」など難しい言葉は使わず，「気になっていること」など具体的にイメージしやすいものに言い換えることも一つの方法です。

　その他，面談形式のみでなく，アンオフィシャルな場としてランチタイムや飲み会などを利用することも手です。

⑥　内部統制部門（リスク管理，コンプライアンス，管理部門など）

　内部統制部門とは出来るだけ定期的な会合を設け，受けるべき報告が定期的に，漏れなく得られるようにしましょう。

　少なくとも，各部門で実施した業務の内容，発見したリスク事項などについては毎回必ず確認するようにします。

(5)　漏れなく報告を聴取するためには

　報告を漏れなく得るためには，監査役等側から聴取するだけではなく，報告義務を各規程に盛り込む等により，向こうから報告してもらえる仕組みづくりが重要です。

　また，報告を各人に意識付けることも重要です。監査役等に報告すべき事象や内容をリストアップして周知するなど，何をいつ報告してほしいのか，監査役等側から明確にして定期的に伝えるといった工夫が考えられます。

4　会計監査人との連携

(1)　会計監査人の選定は監査役等・執行側双方の納得を

　会計監査人の設置要件に該当した会社は，会計監査人を選定する必要があります。会計監査人は株主総会の普通決議により選任されますが，通常は執行側から監査法人への打診，監査法人での予備調査を経て監査契約締結となるため，一般的に執行側が主体となって選定作業を行う例が多くなっています。

　しかし，監査役（もしくは監査役会，監査等委員会，監査委員会）には前述の株主総会議案の内容の決定権があり（会社法第344条等），本来であれば監査役等が選定の主体となるべきです。一方で，監査報酬額の決定権は執行側にあることや，会計監査人は長くお付き合いする相手であり，とりわけベンチャー企業や中小企業では執行側との密な協力体制も重要ですから，監査役等・執行側が一緒に選定作業を行うなど，双方納得出来る形での選定を行うことが求められます。

【選定時の留意点】

　「改正版　会計監査人の評価及び選定基準策定に関する監査役等の実務指針」（公益社団法人日本監査役協会　会計委員会　2017年10月13日）では、会計監査人選定時の評価基準項目として以下を例示しています。

① 　監査法人の品質管理に問題はないか

② 　監査法人から、日本公認会計士協会による品質管理レビュー結果及び公認会計士・監査審査会（金融庁）による検査結果を聴取した結果、問題はないか

③ 　監査チームは独立性を保持しているか

④ 　監査チームは職業的専門家として正当な注意を払い、懐疑心を保持・発揮しているか

⑤ 　監査チームは会社の事業内容を理解した適切なメンバーにより構成され、リスクを勘案した監査計画を策定し、実施しているか

⑥ 　監査報酬（報酬単価及び監査時間を含む）の水準及び非監査報酬がある場合はその内容・水準は適切か

⑦ 　監査の有効性と効率性に配慮されているか

⑧ 　監査実施の責任者及び現場責任者は監査役等と有効なコミュニケーションを行っているか

⑨ 　監査役等からの質問や相談事項に対する回答は適時かつ適切か

⑩ 　監査実施の責任者及び現場責任者は経営者や内部監査部門と有効なコミュニケーションを行っているか

⑪ 　海外のネットワーク・ファームの監査人若しくはその他の監査人がいる場合、特に海外における不正リスクが増大していることに鑑み、十分なコミュニケーションが取られているか

⑫ 　監査法人の品質管理体制において不正リスクに十分な配慮がなされているか

⑬ 　監査チームは監査契約策定に際し、会社の事業内容や管理体制等

> を勘案して不正リスクを適切に評価し，当該監査計画が適切に実行
> されているか
> ⑭　不正の兆候に対する対応が適切に行われているか

　会計監査人の選定時に最も重要となる視点は「当社の会計監査を高品質に実施出来るか」という点です。監査法人により質にはばらつきが見られますので，可能であれば複数の監査法人から説明を受け，自社の監査における希望に最も合致した監査法人を選定するようにしましょう。

(2)　会計監査人の報酬は監査役会等が同意する

　会計監査人の報酬については，同意権が監査役もしくは監査役会（監査等委員会，監査委員会を含む）にあります（会社法第399条第1項第2項等）が，実務的には，監査役会等が直接監査法人との折衝にあたるのではなく，業務執行側と監査法人間で合意した報酬額について同意することになります。

　ただ，監査報酬額というのはある程度の相場感はあるものの，一物一価に近い決め方がなされています。そのため，監査役会等で検証しうる事項も限定的で，同業他社と比べあまりに高いもしくは安い金額ではないか，品質の担保が十分期待出来る金額か，といった視点からの検証に終始せざるを得ません。

　また，多くの場合監査報酬額は「見積関与時間×単価」で算出されます。そのため，昨年と比較し関与時間が明らかに増加している，ないしは減少しているような場合や，関与時間数に不満がある場合は監査法人に説明を求めることも必要です。

　上記のような検証を行った上で，同意する場合には同意の旨を書面で取締役会に通知するようにします。

(3)　オフィシャルな連携

　年間を通じた連携としては以下のようなトピックがあります。下記トピックを実施すると概ね年間6〜8回のコミュニケーションが行われることになりま

すが，形式的な回数にはあまりこだわらず，出来るだけ多様な連携を図るようにしましょう。

①　監査計画説明聴取

当年度の監査計画について説明を聴取します。特に，自社の会計上のリスクについてどのようなものを認識し，どのように対処する方針なのかについては詳細に説明を受け，違和感を感じる場合には遠慮なく質問や意見交換を行うようにしましょう。

また，業務執行社員（監査チームのリーダー・責任者であり，監査報告書にサインを行う公認会計士）の交代や，監査チームの主要メンバーの交代，監査法人の交代などがあった場合は前任者から適切な引き継ぎが行われているかについて慎重に確認し，不十分と感じる場合は十分な引き継ぎや説明を求めることも重要です。

②　監査結果報告聴取

監査もしくはレビューを実施した際には，会計監査人は監査結果を監査役等に通知します。基本は監査報告書（もしくはレビュー結果報告書）の提出のタイミングで，監査報告書とは別途用意された説明資料をもとに，実施した監査の概要や発見事項等の報告が行われます。

報告内容の中で，特に監査役等として留意すべき内容には以下のものがあります。

（i）　残高確認状の回収状況

会計監査においては，銀行や債権債務の相手先に監査法人が「残高確認状」という手紙（最近はオンラインでの回答が可能なケースもあり）で直接残高を確認する監査手法が取られます。この残高確認状の回答は任意ではありますが，回答しない，もしくは回答が異常に遅いなどの場合には不正の兆候を示すこともあり，会計監査人も注意を払うポイントとなっています。

監査役等としても，残高確認状の回収状況や回収率を確認し，自身の持っている他の情報と合わせ，異常を感じる部分がないか確かめることが有効です（なお，海外企業や一部企業では「残高確認状には回答しない」というポリシーの会社もあります）。

(ii) 会計上の論点

当期の会計上の論点，及び決着について確認します。会計監査人は，監査上容認出来ない論点が残っている場合は監査報告書を出さないはずですが，ごくまれに問題のあるはずの論点を容認してしまっているケースがあります。監査役等として違和感のある決着については，遠慮なく判断根拠を質問するようにしましょう。

(iii) 今後の留意点

今後会計上の論点になりうる事象や，会計基準の変更予定などについて，執行側，監査役等がそれぞれどう対応すべきかディスカッションします。

③ 会計監査人監査の方法と結果の相当性判断

期末監査の結果報告を受けたのち，監査役会等は当該監査について方法と結果が相当であるか判断することになります。本来的には会計監査についても監査の一つですから，監査役等が監査を行うべきところ，会計監査は高度知識が必要なことから，別途専門家が一次的に監査することを会社法では求めています。そのため，監査役会等は会計監査人が実施した監査が相当なものであるかを判断することで，本来行うべき監査の全体が行われたことを確認することになります。

具体的には，

> ➤ 監査契約等，監査実施にあたり必要となる基本事項に瑕疵はないか
> ➤ 監査品質体制に疑念が生じる事象は発生していないか（下記）
> ➤ 会計監査人の独立性に疑念が生じる事象は発生していないか。また独立性の管理体制に問題はないか
> ➤ 監査計画が，策定後生じた重要なリスクを織り込むために必要に応

じ随時修正されていたか
➢ 連結範囲等，期中の変動が生じる可能性がある事項について十分検
討されていたか
➢ 監査は計画通り遂行されたか
➢ 関与時間は計画時間と大幅な乖離がないか（特に大幅に足りない状
況はないか。逆に，大幅に超過した場合は合理的な理由があるか）
➢ 会計論点，内部統制システムの評価等について，監査役等が認識し
ている事実等，会計監査人の間で評価の異なる問題や論点はないか
などについて総括的，多角的な検討を行い，監査役会等として判断します。

④　監査品質管理体制の確認

　会計監査人との連携の中で，監査役等側としては，会計監査人が実施する
監査の品質について，監査法人全体を通じた管理体制が構築され，その通り
に運用されていることを確かめます。
　具体的には，
➢ 品質管理についての最終責任者が明示されているか
➢ 品質管理の責任部門には十分な権限が与えられているか
➢ 実施すべき監査手続などは文書化され，品質の統一が図られている
か
➢ 品質管理・監視の手続が定められているか
➢ 法人内での自主的なレビューが実施されているか
➢ 日本公認会計士協会や公認会計士・監査審査会のレビュー・検査に
おける指摘事項等について，速やかに全体へ周知され改善が図られて
いるか
➢ 審査に関する手続が定められているか
➢ 審査員には十分な適性と経験があることが担保されているか
➢ 重要な判断を要する場合には，専門的な審査部門による審査が行わ
れているか

➤ リスクマネジメントについて法人として十分な体制が取られているか

➤ 独立性について十分な確認が取られ，必要な措置が取られているか

等の事項について確認します。

確認方法としては，「監査品質に関する報告書」等の名称で報告書が公表されていますので当該報告書を確認する方法，担当業務執行社員（パートナー）に確認するなどの方法が考えられます。また，下記「会社計算規則第131条の通知事項」でも概要が示されます。

⑤ 会社計算規則第131条の通知事項について

会社計算規則第131条では，会計監査人から監査役等への監査報告の通知の際，以下の事項を会計監査人から通知することになっています。

> (i) 独立性に関する事項その他監査に関する法令及び規程の遵守に関する事項
>
> (ii) 監査，監査に準ずる業務及びこれらに関する業務の契約の受任及び継続の方針に関する事項
>
> (iii) 会計監査人の職務の遂行が適正に行われることを確保するための体制に関するその他の事項

なお，日本監査役協会が公表している「監査報告のひな型（2015年9月29日最終改正）」には，

> （監査役等は）会計監査人から「職務の遂行が適正に行われることを確保するための体制」（会社計算規則第131条各号に掲げる事項）を「監査に関する品質管理基準」（平成17年10月28日企業会計審議会）等に従って整備している旨の通知を受け，必要に応じて説明を求めま

> した。

との記載があり，監査役等が会計監査人から131条の通知を受けること，及び必要に応じ質問を行い，その内容について十分に理解・納得することが求められています。

実務的には，会計監査人が自ら通知事項を作成し，期末監査結果の報告時に監査役等に交付することになりますが，ごくまれに交付を失念するケースがありますので，監査役等側も注意しましょう。

⑥　その他の連携

不正の兆候の発見等，会計監査人監査及び監査役等監査に何らかの影響が及ぶ可能性のある事項が発生した場合には，速やかに両者で連携を取ります。具体的には発生事項の相互共有，相互の認識や今後についての意見交換等を行うことが考えられます。また，連携は一度のみではなく，随時進捗についても情報交換を行い，収束まで連携が途切れることがないようにしましょう。

なお，どのような内容まで報告するか悩まれる監査役等の方も多いようですが，会計監査人には守秘義務がありますし，他社事例も多く知っています。些細と思う内容であっても，例えば本格的な相談の前に，現場責任者に事前相談として話してみるなど，まずは相談してみることをおすすめします。

(4)　アンオフィシャルな連携

監査チームメンバーとのアンオフィシャルな連携は，特にベンチャー企業や中小企業など，ある程度規模の小さい会社では効果的に働くことが多いと思われます。

実際の証憑の確認や担当者へのヒアリングなどを行っている現場担当者でしか分かり得ない違和感や，非効率性というものも存在します。逆に，多くの会計監査人は，普段監査役等がどのような視点でどのような監査を行っているかを知らないことも多いですので，その点を説明することも双方の監査に良い効

果があると思われます。

連携の方法としては，改まったミーティングの場を設けるなどでも良いのですが，例えばランチタイムに一緒にランチに出るなどの方法も考えられます。監査チームの多くは昼食を外食で取るケースが多いため，会社近くの美味しいお店を紹介するなどすると喜ばれるかもしれません（もちろん，社外での会話内容には十分留意する必要があります）。

なお，監査法人と飲食等することに対し，独立性阻害の観点から一律で拒否されている監査役等の方も見られます。過度な利益の供与がない形にすれば問題はないと考えられますが，多くの会社では割り勘にするなどして対応していることが多いようです。

(5) 会計監査人の再任

会計監査人の任期は1年ですので，監査役等は原則として毎年，会計監査人を再任するか判断する必要があります。再任の判断基準は前述の「選定時の留意点」で挙げているような点がポイントとなりますが，もし基準に満たない，と判断される場合は不再任（別の会計監査人の選定）についても検討しなければなりません。

なお，定時株主総会において別段の決議がなされなかったときは，当該株主総会において再任されたものとみなされます（会社法第338条第2項）ので，再任の場合は株主総会での特段の手続は必要ありません。

また，会計監査人を設置している公開会社（上場企業の他，譲渡制限のない株式が一部でもある会社）の場合は，事業報告に「会計監査人の解任又は不再任の決定の方針」を記載しなければなりません（会社法施行規則第126条第4項）。監査役（会）等は会計監査人の選解任議案の決定権を有していますので（会社法第344条），当該方針についても原則として監査役（会）等が策定する必要があります。

5　拠点監査

　本社の他，事業所，支店などがあれば当該拠点も監査役等の監査対象です。本社では内部統制システムについての意識や視点が向きやすいですが，本社から離れると内部統制と呼べるものがない，などという事態も往々にしてあります。

　そこで，実際に拠点を訪問する等して，実態を自らの目でよく確認する必要があります。

　一般的に拠点監査において監査すべき事項としては，以下のようなものがあります。

---

①　法令・規程等の遵守状況とそのチェック状況

②　内部統制システムがどのように構築されているか，またその運用状況

③　経営方針の浸透・周知方法や経営計画の進捗状況

④　財産の調査（重要性があれば）

⑤　多額な取引の調査

⑥　情報管理の状況

　なお，拠点は人数が限られていることも多く，「監査」する人が入れ替わり立ち替わり行って同じことを何度も聞くのは嫌がられることもありますので，内部監査部門とも連携し，例えば内部監査と共同監査のような形を取ることも考えられます。

6　子会社監査

　監査役は，その職務を行うため必要があるときは，子会社に対して事業の報告を求め，又はその子会社の業務及び財産の状況を調査することができる（会社法第381条第3項）とされています。

　つまり，必ずしも子会社に対する監査を実施しなければならない，とはされ

ていませんが，基本的に経営はグループとしての判断が含まれること，ガバナンスとしても各社別個ではなくグループガバナンスが重要視されていることから，親会社監査役等が実施すべき監査の対象範囲として，子会社も含む必要があるかしっかり検討すべきだと思われます。

確認内容は子会社の監査役等（もしくは監査役会等）の設置状況や親会社のグリップ度合によっても変わってきますが，子会社が独立性の高い経営をしている場合は，少なくとも親会社監査役等としては「実態として何をしているか」は良く確認する必要があります。

一般的に，子会社を監査するうえで確認すべき基本情報は以下のようなものがあります。責任者から聞き取りを行い確認する，事前にアンケートを送付し確認する，などの方法を取っている方が多いようです。

① 子会社の経営方針
② 子会社の管理体制全般
③ 内部統制システムの状況（特に現金・預金出納管理の状況）
④ 計算書類・事業報告等の閲覧（そもそも問題なく作成されているかどうかも）
⑤ 多額な取引，取締役等の役員が関与している取引の状況
⑥ 競業取引，利益相反取引のチェック状況
⑦ その他法令や規程等の遵守状況とそのチェック状況

また，監査役等監査として何を監査するかについては，グループ全体や各子会社のリスク内容，重点監査項目等から判断すべきですが，会計監査人や内部監査で既に実施している事項があればそれを避け，「誰も見ていない部分」をチェックすることが有用と思われます。特に親会社監査役等側は子会社の情報が入りづらいですから，表面的な監査にならないように，「前期の踏襲」や「チェックリストでの表面的なチェック」などに終始しないよう，毎期監査内容はよく吟味する必要があると考えられます。

一般的に子会社は親会社や外部の目が入りづらい状況があり，発生した不祥

事の半数弱は子会社単体で発生しているというデータもあります（出典：KPMG　日本企業の不正に関する実態調査　2019年7月10日）。子会社に「親会社の監査役等は当社を見ている」と思われるよう，目を光らせることが重要です。

7　取締役の業務執行状況の監査

会社法で規制されている取締役の取引や行為には以下のようなものがあります。下記事項への違反があると取締役，会社の責任を問われることになりますので，監査役等としては細心の注意が必要です。

(1)　競業取引

競業取引とは，「取締役が自己又は第三者のために株式会社の事業の部類に属する取引を行うこと（会社法第356条第1項第1号）」をいいます。

取締役はその立場上，会社の行う事業について，重要な機密情報を知ることが出来る立場にあり，取締役が勝手に会社と類似の事業を行うと，本来会社の利益となるべきだったものが当該取締役に流れてしまう可能性があります。そのため，善管注意義務・忠実義務に基づいて会社法上規制がなされています（競業避止義務）。

当該取引には取締役自身が競合事業を行う場合の他，競合事業を行っている会社の決定権がある役員に就任する場合が考えられます。ただし，100％親子会社間での役員兼任は実質的に同一体とみられるため，競業取引には該当しないと解されています。

もし競業取引をしようとする場合には，事前に取締役会の承認を得ること，さらに取引後に遅滞なく取締役会に報告することが求められています（会社法第365条第2項）。また，事前・事後承認なく競業取引を行った場合，もしくは（承認を受けても）当該取引により会社が損害を被った場合は損害賠償責任が発生しますので，取引を実施すること自体に細心の注意を払う必要があります。

監査役等監査としては,

> 会社として役員等の兼任状況が把握できているか
> 競業取引となる可能性がある事象について,取引前に事前相談がなされる仕組み(規程等)となっているか
> 取締役が,競業取引に該当する取引を実行しようとする場合には,事前に取締役会承認を得ているか
> 競業取引が行われた際には,遅滞なく事後報告がなされているか

といった観点からの監査を行います。

　なお,監査役には競業避止義務規定は設けられていませんが,実態として競業を行うことや類似業種への役員就任などで(意図せずとも)情報漏洩などのリスクは懸念されます。自身の善管注意義務の観点から,取引を行う前や役員就任前に双方の会社へ相談し,懸念点はクリアにしておくべきと考えられます。また,非業務執行取締役,監査等委員や監査委員については身分が取締役になりますので,当該規定の対象となることに留意が必要です。

(2) 利益相反取引

　利益相反取引とは,「取締役が自己又は第三者のために会社と取引をしようとするとき(会社法第356条第1項第2号,直接取引)」「会社が取締役の債務を保証することその他取締役以外の者との間において会社と当該取締役との利益が相反する取引をしようとするとき(同項第3号,間接取引)」をいいます。

　取締役はその立場上,会社の意思決定に深く関与しているため,自己が関わる取引であれば,会社に損をさせ,逆の立場である自己への利益誘導が出来てしまいます。そのため,善管注意義務・忠実義務に基づいて会社法上規制がなされています。なお,100%親子会社間での取引は実質的に同一体とみられるため,利益相反取引には該当しないと解されています。

　もし利益相反取引をしようとする場合には,競業取引と同様,事前に取締役

会の承認を得ること，さらに取引後に遅滞なく取締役会に報告することが求められています（会社法第365条第2項）。なお，当該取引の承認・報告は，個別取引ごとの他，ある程度の範囲内での反復・継続的な取引につき包括的に行っても問題ないとされています。

また，事前承認を怠った場合，会社は当該取引について無効を主張出来る他，事後報告を怠った場合，当該取締役は任務懈怠により過料に処せられることになります（会社法第976条第23号）

なお，（承認を受けても）当該取引により会社が損害を被った場合は「取引をした取締役」「取引を決定した取締役」「取締役会での承認に賛成した取締役」は任務懈怠が推定され（会社法第423条第3項），当該取締役らが自ら任務懈怠のないことを立証できなければ，連帯して損害賠償責任を負うことになります。従って競業取引同様，取引を実施すること自体に細心の注意を払う必要があります（ただし，監査等委員会設置会社では，監査等委員会と取締役会の両方で事前承認を行った場合は，上記の任務懈怠は推定されないこととなります（会社法第423条第4項））。

監査役等監査としては，
> ➤　会社として役員等の兼任状況が把握できているか
> ➤　利益相反取引となる可能性がある事象について，取引前に事前相談がなされる仕組み（規程等）となっているか
> ➤　取締役が，利益相反取引に該当する取引を実行しようとする場合には，事前に取締役会承認を得ているか
> ➤　当該取引の内容は，会社に損失を与えるような内容となっていないか
> ➤　利益相反取引が行われた際には，遅滞なく事後報告がなされているか

といった観点からの監査を行います。

また，競業取引と同様，非業務執行取締役，監査等委員や監査委員については，身分は取締役ですので，当該規定の対象となることに留意が必要です。

(3) 関連当事者取引

　関連当事者とは，親会社や子会社などの他，主要株主とその親族，役員とその親族，などを指し，関連当事者取引とは，このような者との取引をいいます（関連当事者の具体的な範囲については，会社計算規則第112条第4項，財務諸表等規則第8条第17項を参照のこと）。

　関連当事者との取引は，通常の一般的な取引と異なる条件で行われることが多く，また関連当事者の存在自体が財務諸表利用者がその内容を読み解くうえで重要な情報となることから，財務諸表の注記による開示が求められています。
　従って，関連当事者との取引自体は法令上規制されている訳ではありませんが，重要な取引については財務諸表の注記を行う必要があります。ただし，一般の取引条件と同様であることが明白な取引や役員報酬等については注記が不要な他（会社計算規則第112条第2項），非公開会社で会計監査人が設置されていない場合は注記自体が免除されています（会社計算規則第98条第2項第1号）。

　なお，上場審査などでは，上場企業として合理的な判断のもと取引が行われているかどうかについても確認されます。以下のような観点から不合理と思われる関連当事者取引については，解消を求められることがありますので注意が必要です。

- ➤ 取引自体の合理性（事業上本当に必要な取引なのか）
- ➤ 取引条件の妥当性（他の取引と比べ著しく有利もしくは不利な条件ではないか

　また，監査役等監査としては，

- ➤ 関連当事者の把握がきちんと出来ているか
- ➤ 関連当事者との取引について，ピックアップが出来ているか
- ➤ 関連当事者との取引の内容について，検証ができているか
- ➤ 前述の検証の結果，一般的でない取引と認められる場合，監査役等に

　　　報告がなされる仕組みとなっているか

といった観点からの監査を行う他，報告された取引内容について監査上問題が

ないかどうかを判断します。

(4)　親会社等との取引

　親会社等との取引は，その関係性から，特に親会社側での取引内容等のコン

トロールが可能な場合が多く，自社側にとって不利となる可能性があります。

そこで，前述の関連当事者取引で注記を要するもののうち，親会社との取引に

ついては，自社の利益を害していないと判断している旨を事業報告等に記載す

る必要があります（会社法施行規則第118条第5項）。

　また，前述の記載がされる場合には，監査役（会）等の監査報告書において，

当該事項についての意見を記載する必要もあります（会社法施行規則第129条

第1項第5号）。

　監査役等監査としては，

> ➤　前述の関連当事者取引に関する把握等の仕組みが構築されているか
> ➤　実際の取引内容に，自社にとって利益を害するような内容は含まれて
> 　　いないか
> ➤　実際の取引内容について，執行側の判断理由に非合理な点はないか
> ➤　親子会社間取引について，親会社側はどのように考えているか

といった観点からの監査を行い，意見形成を行います。

(5)　株主の権利行使に関する利益供与

　会社は，誰に対しても株主の権利行使（議決権行使など）に関し，財産上の

利益の供与をしてはならないとされています（会社法第120条第1項）。これは，

いわゆる「総会屋」に対し，会社側が静かにしてもらうために利益供与を行っ

ていたことに対し，会社法上も規制が加えられることになったもので，「特殊

株主」などと呼ばれることもあります（なお，反社会的勢力の定義とは必ずしもイコールではないことも留意が必要です）。

　もし利益供与を行った場合には，「供与を行った取締役」「供与議案を提案した取締役」「取締役会での承認に賛成した取締役」などは，連帯して当該利益供与金額相当額を会社に支払う義務を負うことになります（同条第4項）。その他罰則も付加されますので（会社法第970条第1項），大変重い規定であり十分な注意が必要です。

　監査役等監査としては，
　　➤　以下のような費目に，異常な変化や通例でない取引先への支出はないか
　　　・寄付金
　　　・交際費
　　　・雑費
　　　・諸会費　など
　　➤　取締役の経費申請についても内部統制が敷かれているか（自己承認など他者の目が通らない状態になっていないか）
といった観点からの監査を行います。

　なお，現在「総会屋」がニュースになることはほとんどなくなりましたが，2020年現在でも数百名の総会屋が確認されていますので，注意が必要なことに変わりはありません。上場企業などでは「総会屋」等が自社の株主になることを防ぐことは原則出来ませんが，株主になったことは株主名簿管理を委託している信託銀行等から教えてもらうことも出来るようです。
　万が一，基準日に自社の株主になっていることが判明した場合は，株主総会への出席が想定されるため，何らかの対応が必要です。一般的には，弁護士への相談の上，暴力的行為に備えて警察出動の要請や警備員配置，スムーズな議

事進行のため動議などへの対応準備，想定問答の準備を行っておく企業が多い
ようです。

　ただし，執行側が理解しておくべきこととして，警察への出動を要請しても
議事進行は執行側が責任を持って行わなければならず，警察官は原則として重
大な犯罪行為が行われない限り動くことはないため，留意が必要です。そのた
め強制的な退場などは企業側で人員を手配して行わなければなりませんが，社
員を充てるか，外部に委託するか，安全対策はどうするのか，などきちんと検
討しておく必要があります。

(6)　特別背任，贈収賄など

　「背任」とは一般に，自分が利益を得る目的，もしくは会社に損害を与える
目的で，その任務に背き会社に損害を与えることを指しますが，「特別背任」
とは，会社運営上の重要な役割である役員等について，より責任を重く考えた
もので，特別背任罪として刑罰が課されます（会社法第960条第1項）。

　また，贈収賄とは，不正の請託（金銭の見返りに職務行為を行うこと）を受
け財産上の利益を収受，若しくは要求や約束をすることをいい，同様に刑罰が
課されます（会社法第967条第1項）。特に贈収賄では，収賄側になるのみなら
ず，贈賄側になることも考えられますので，両方の面からの注意が必要です。

　いずれも罰則のある重い規定である他，報道などでの風評リスクも考えられ
ます。

　監査役等監査としては，株主への無償の利益供与と同様，

　　➢　以下のような費目に，異常な変化や通例でない取引先（役員個人に関
　　　連していると思われるものも含む）への支出はないか

　　　• 寄付金

　　　• 交際費

　　　• 雑費

　　　• 諸会費　など

➢ 取締役の経費申請についても内部統制が敷かれているか（自己承認など他者の目が通らない状態になっていないか）

といった観点からの他，

➢ 特定の取締役が関与した不合理と思われる取引などはないか

といった観点からの監査を行います。

ただ，多くの場合は会社の内部統制を通さず，個人の資産で行う場合が多いと考えられますから，監査役等として積極的な監査を行うことは困難であることが考えられます。そのため，基本的には予防として，研修などによる啓発が中心となりますが，内部通報や社外からの情報に示唆する内容が含まれている場合もあります。

⑺ 取締役等の重要な兼職

前述の「競業取引」や「利益相反取引」「関連当事者取引」等を把握するため，また公開会社では事業報告において「重要な兼職」の状況について記載する必要があるため（会社法施行規則第121条第8項），会社は役員の兼職状況について正確かつ適時に把握しておく必要があります。

監査役等監査としては，

➢ 会社の仕組みとして適時かつ正確な把握が行われているか

といった観点からの監査を行います。

多くの会社では四半期ごと若しくは半期ごと等のペースで確認書等を配布し，異動がないかをキャッチアップしているようです。

なお，自社の社外役員が他社の役員を引き受けることも良くありますが，善管注意義務を果たしているか相互監視することの一環で「他社役員を引き受けることで自社の業務を全うできるか」という視点での確認も必要となります。

多くの会社では，他社役員の就任前に事前相談をすべきこと，取締役会（監査役の場合は監査役会）での報告事項とし確認することを規程に盛り込んでいるケースが多いようです。

(8)　取締役の業務執行状況の監査の方法

　態様ごとの監査上の視点の他，「業務執行確認書」での確認と「日常的な監視（内部統制システムの監視，ヒアリングなど）」が主な確認方法となります。

　業務執行確認書とは，業務執行を法令に従い実施しているかどうか，取締役に自己チェックしてもらうことにより総括的な法令遵守確認を行うことを目的として，多くの会社で取られている手法です。その中で前述のような取引等について，実施していない，もしくは定められた業務フロー通りに実施したことをセルフチェックしてもらいます。

　日常的な監視とは，前述のような取引等が，取締役会への付議等をはじめとした，定められた業務フローに従って処理されているかという点はもちろんのこと，前述のような取引等を行う兆候はないかについても，多方面からの情報をもとに監視することをいいます。

8　内部統制監査

(1)　「内部統制システム」とJ-SOXの違い

　内部統制システムとは，会社法で「取締役の職務の執行が法令及び定款に適合することを確保するための体制その他株式会社の業務の適正を確保するために必要なものとして法務省令で定める体制」と規定されています。すなわち，会社を適正に運営するうえで必要となる，会社内部の仕組み全てを指します。

　なお，内部統制システムと聞いて，J-SOX（財務報告に係る内部統制）と同義と勘違いされていらっしゃる方を時々お見掛けします。しかし，内部統制システムとは，会社に存在する，ないしはすべき全ての内部統制を指しますので，J-SOXの対象範囲とされているものは内部統制システムのごく一部ということになります。つまり，内部監査部門のJ-SOXの監査結果を確認して終わり，

などでは内部統制システムの監査としては全く足りていないということになります。

(2) 「内部統制システムの基本方針」についての取締役会決議

前述の通り，内部統制システムは会社を適正に運営するために必要なものですので，その構築・運用責任は取締役にあります。

そのため，会社法では，大会社（資本金5億円以上または負債総額200億円以上の株式会社）は，**内部統制システムの基本方針**（取締役の職務の執行が法令及び定款に適合することを確保するための体制その他株式会社の業務の適正を確保するために必要なものとして法務省令で定める体制の整備）について，取締役（会）が自ら決定すること（会社法第348条第3項第4号・第4項，同法第362条第4項第6号・第5項），また事業報告で記載すること（会社法施行規則第118条第2項）を求めています。また，大会社以外でも上記内容について取締役会決議を行った会社は，同様に事業報告に記載する必要があります（なお当該規定は指名委員会等設置会社も該当しますが，本書では割愛します）。

(3) 会社法で挙げられている内部統制システムの項目

会社法施行規則第98条（取締役設置会社）及び同法第100条（取締役会設置会社）において，以下の各項目が整備すべき「内部統制システム」として挙げられています。そのため，監査役等監査としても，以下の各項目についてそれぞれ十分な内部統制システムが構築され，運用されているか確認する必要があります。

---

① 取締役の職務の執行に係る情報の保存及び管理に関する体制

② 損失の危険の管理に関する規程その他の体制

③ 取締役の職務の執行が効率的に行われることを確保するための体制

④ 使用人の職務の執行が法令及び定款に適合することを確保するための体制

---

⑤　**企業集団における業務の適正を確保するための体制**

- 子会社の取締役等の職務の執行に係る事項の当該株式会社への報告に関する体制
- 子会社の損失の危険の管理に関する規程その他の体制
- 子会社の取締役等の職務の執行が効率的に行われることを確保するための体制
- 子会社の取締役等及び使用人の職務の執行が法令及び定款に適合することを確保するための体制

⑥　**監査役設置会社（会計限定監査役を含む）である場合は以下の体制**

- 監査役がその職務を補助すべき使用人（補助使用人，補助者，監査役スタッフ等と同義）を置くことを求めた場合における当該使用人に関する事項
- 補助使用人の，取締役からの独立性に関する事項
- 監査役の，補助使用人に対する指示の実効性の確保に関する事項
- 監査役への報告に関する体制
  - 取締役や使用人等が監査役に報告をするための体制
  - 子会社の取締役，監査役，使用人等又はこれらの者から報告を受けた者が監査役に報告をするための体制
  - 上記の報告をした者が当該報告をしたことを理由として不利な取扱いを受けないことを確保するための体制
  - 監査役の職務の執行について生ずる費用の前払又は償還の手続その他の当該職務の執行について生ずる費用又は債務の処理に係る方針に関する事項
  - その他監査役の監査が実効的に行われることを確保するための体制

　なお，日本監査役協会では「内部統制システムに係る監査の実施基準」を公表していますので，併せて確認することをおすすめします。

9 内部監査との連携

監査役等監査は「取締役」の職務執行を監査するのに対し，**内部監査**は「従業員」の職務執行がルール通りに行われているか，が監査の主眼となります。

これらを図示すると以下の関係となります。

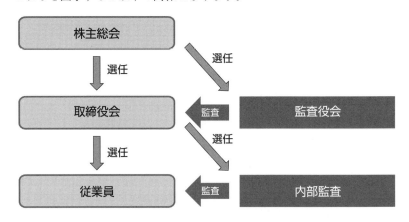

しかしながら，従業員は通常取締役の指揮命令を受けて業務を遂行していますので，内部監査側で取締役に起因する問題が発見されることも多々あります。そのため，内部監査部門とは日常的に十分な連携を図り，発見事項やリスク等の共有に努めましょう。

また，監査の効率性の観点からも，監査内容が重複していたり，拠点等にバラバラと行くことがないよう，全社的視点で連携することも重要です。

(1) 監査計画の確認

まずは双方の監査計画を確認します。監査内容が完全に重複しているようなものがあれば，例えば監査は内部監査に任せ，監査役等は当該監査結果に依拠するという方法も考えられます。

ただ，内部監査と監査役等監査では監査の視点が異なることもありますので，完全に依拠が可能なのかどうかは見極めが必要です。

(2)　監査報告聴取

　内部監査が実施した監査結果について，定期的な聴取の時間を設けます。監査の実施がスケジュール通りか，という視点のみならず，監査結果に気になる点はないか，発見事項はどのように改善・処理されたか，改善後は当該改善内容が定着しているか，といった視点から確認します。

(3)　監査結果に対する意見具申

　内部監査が実施した監査結果について，取締役に意見具申すべき事項があれば監査役等から意見具申します。特に内部監査部門は取締役が上司ですので，言いづらい，ないしは言えない場面もあることが考えられます。問題の根本を見極め，誰にどのように伝えれば改善するかを考えましょう。

10　会 計 監 査

　会計監査は，高度な知識と多くのリソースが必要なことから，専門家である監査法人（又は公認会計士）を「会計監査人」として選定し，独立した第三者として監査を行ってもらうことが求められています。そのため，会計監査人が設置されている場合は，監査役等自らが監査法人レベルの高度な会計監査を行うことは想定されておらず，会計監査人の監査の相当性を判断し（会社計算規則第127条），さらに自身が実施した内部統制システムに関する監査などの業務監査で得た情報をもとに総括的・概括的な監査を行うことで，計算書類の適正性を確保するという責任を負っています。つまり，監査役等と会計監査人の立場が異なる2つの視点からチェックを行うことで，計算書類の適正性を確保することとされています。

(1)　監査役等はどのような会計監査を行うべきか？

　監査役等が行う会計監査は，

> ➢ 重要科目の月次趨勢・予実比較・前年同期比較等の数値が自身の理解や他の監査結果と合致しているか

➢ 会計処理の根拠などが自身の理解と合致しているか（特に連結範囲や重要な取引等）

といった監査が基本となります。例えば伝票を一枚一枚確認して集計の正確性を確かめる，などという監査は求められていないことに留意が必要です（そのような内容は内部統制システムが意図している通りに機能していることを確かめれば良いと考えられます）。

ただ，会計監査人による監査は，財務諸表全体からみて，財務諸表の利用者の判断に影響を及ぼす可能性のある虚偽表示がないことを立証目標にしているため，「見ていない部分」も存在する他，基本的には会社から提出された資料やヒアリングの結果のみを利用して監査しますので，監査役等と比べ情報量が少ない可能性もあります。そのため，監査役等としても，会計監査人のスコープ対象外の拠点等への往査や他の監査結果と財務諸表の数値・趨勢との突合は会計監査の一環として確認すべきと考えられます。特にスコープ対象外の拠点等については，数年スパンでの定期的な往査等を実施することで，一定程度の牽制に繋がる他，不正の兆候を検出出来ることもあります。

また，前述のような監査に必要となる事項について，会計監査人側から積極的な情報提供があることは少ないですので，監査役等側から積極的なコミュニケーションを図ることが重要です。

なお，会計監査人が設置されていない場合は，監査役等自らが会計監査を行うことが必要になりますが，実施すべき監査の詳細は，日本監査役協会が公表している「会計監査人非設置会社の監査役の会計監査マニュアル」が参考になります。ただし，会計監査人が設置されていない場合でも，監査役等には監査法人レベルの監査は期待されていないと解されています。

⑵　期中開示書類の監査（四半期開示，適時開示）

　期中に開示が法定されている書類としては，上場企業であれば四半期決算短信及び四半期報告書，（必要に応じ）適時開示書類等が挙げられます。これらの開示書類についても，以下の観点を中心に監査します。

---

①　開示書類作成体制の整備・運用状況の確認（特にチェック体制やスケジュールに問題がないか）

②　開示すべき内容が定められた方法で開示されているか（特に適時開示事項をプレスリリースなどで開示してしまった例があるため注意）

③　定められた内容が漏れなく記載されているか

④　開示内容が，監査上得られた他の情報と齟齬がないか（特に定性情報など）

⑤　開示内容には正確な裏付けがあるか

⑥　誤字脱字や数値の計算間違いはないか

⑦　他の機関から指摘された事項は社内で検討され，反映すべきものは全て反映されているか

　ちなみに，決算短信（四半期，期末），適時開示については監査法人の監査対象外となりますので，監査役等としても十分な注意が必要です。

　なお，期末に開示すべき書類については後述（☞P.117）します。

11 三様監査

　会社を取り巻く監査には監査役等監査の他，内部監査，会計監査があります
が，これらは一般的に総称して「三様監査」と呼ばれています。

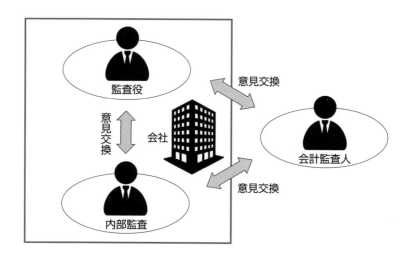

　この三者はそれぞれ別の目的を持ってはいますが，同じ会社を見ている以上，
ある監査を実施している際に発見されたことが，他の監査で監査の質や効率性
の観点から役立つことも大いにあると考えられるため，適時に連携して活動す
ることが望ましいとされています。

　なお，会社法では監査役（会）等と会計監査人間の連携が規定されています。
会計監査人が実施した監査結果の監査役（会）等への報告の他（会社計算規則
第130条第1項第1号），会計監査人は，その職務を行うに際して取締役の職務
の執行に関し不正の行為又は法令若しくは定款に違反する重大な事実があるこ
とを発見したときは，遅滞なく，これを監査役（会）等に報告しなければなら
ず（会社法第397条第1項），また監査役等側も，職務を行うため必要があると
きは，会計監査人に対し，監査に関する報告を求めることができる，とされて
います（同条第2項）。

　従って，監査役（会）等と会計監査人間の連携はある程度の担保がされているものの，それ以外の組み合わせはどうしても頻度が少なくなってしまいがちです。可能であれば監査役等が積極的に音頭を取り，出来るだけ多く連携を取れるようにしましょう。

　なお，三様監査の協議の頻度としては，半期～四半期に１度程度のタイミングで開催している会社が多いようです。

12　監査役会等の運営

(1)　開催のタイミング

　会社法上，監査役会等での決議を行わなければならないものとしては，以下のものがあります。

---

①　**監査役会監査報告の作成**（会社法第390条第１項，会社計算規則第123条第３項）

②　**常勤の監査役の選定及び解職**（会社法第390条第２項）（監査役会設置会社のみ）

③　**監査の方針，監査役会設置会社の業務及び財産の状況の調査の方法その他の監査役等の務の執行に関する事項の決定**（同条第３項）（監査役会設置会社のみ）

④　**監査役等の選任議案提出に対する同意及び同議案提出請求**（会社法第343条第１項第２項第３項）

⑤　**特定監査役等の選定・解職**（会社法施行規則第132条第５項，会社計算規則第124条第５項，第130条第５項）

⑥　**会計監査人の選解任・再任・報酬同意**（会社法第340条，第344条，第346条第４項第６項，第399条）

また，

⑦　**監査役は，監査役会の求めがあるときは，いつでもその職務の執行の状況を監査役会に報告しなければならない**（会社法第390条第４項）

とされており，各監査役は求めがあった場合，実施した監査の状況等を監査役会に報告する必要があります。

　なお，多くの会社では月に1度定例で監査役会を実施し，さらに追加で臨時の監査役会を年に数回実施しているところが多いようです。概ね，年間の開催回数としては15〜20回程度になろうかと思われます。

⑵　日程調整

　監査役会開催の都度，次回の日程を調整するのは大変非効率ですので，可能であれば極力早い段階で1年分調整しておくことが望ましいです。多くの会社では取締役会と同日に開催することが多いようですが，監査役等は取締役会の付議事項について実務上事前に監査しておくことが望ましいですので，事前に監査役等間で相互確認する意味でも，取締役会前の開催の方が良いと思われます。

⑶　監査役会の招集手続

　監査役会は全ての監査役に招集権があります（会社法第391条）が，一般的には常勤の監査役等（もしくは監査役会議長）が招集者となることが多いようです。また，法令上では1週間前までに各監査役に通知を発しなければならない（ただし，定款でそれより短い期間を定めることができる）とされていますが（会社法第392条），監査役全員の同意があれば招集手続なしに開催できますので，メール等で全員の同意を確認したうえで臨時的に開催することも可能です。

　なお，招集通知の書面での発行は特に規定されていませんが，審議事項の漏れを防ぐため，また審議内容を共有するためにも書面で作成・発行した方が良いと思われます。

⑷　Web会議等での開催は可能か？

　監査役会等は全員が直接参集して開催することが原則ですが，どうしても都合がつかない場合などがある可能性もあります。その点，会社法施行規則第109条第3項第1号において，「当該場所に存しない監査役，取締役，会計参与又は会計監査人が監査役会に出席をした場合における当該出席の方法」を議事録に記載すること，とされており，必ずしも対面での開催である必要はなく，Web会議や電話会議での開催でも問題ないとされています。

　なお，取締役会の電話会議等での開催については，「取締役間の協議と意見交換が自由にでき，相手方の反応がよく分かるようになっている場合，すなわち，**各取締役の音声と画像が即時にほかの取締役に伝わり，適時的確な意見表明が互いにできる仕組み**」となっている必要があることが提示されており（「規制緩和等に関する意見・要望のうち，現行制度・運用を維持するものの理由等の公表について」法務省民事局参事官室　1996年4月19日），監査役会等の運営においてもこれに倣っている会社が多いようです。

⑸　1年間の議題例（一般的なもの）

---

①　株主総会終了後の議題（選任直後速やかに）

（i）　必須の決議事項

- 常勤監査役の選定（会社法第390条第3項）
- 監査役会議長の選定（ほとんどの会社ではこのタイミングで選定しています。ここで選定しない場合は，開催の都度互選等による選定，監査役会規程に「議長は常勤監査役とする」などの文言を入れ込む，等の方法が考えられます）

（ii）　任意の決議事項

- 退任監査役等に対する退職慰労金の決定（全員一致の同意が必要）（会社法第387条第2項）
- 特定監査役等の選定（☞P.30）（会社法施行規則第132条第5項，会

社計算規則第124条第5項，第130条第5項）

- 特別監査役（☞P.30）の選定（会社法第383条第1項ただし書）

② **株主総会終了後の議題（可能な限り早い時期に，上記と一緒に開催しても問題ない）**

- 監査役等の報酬等の協議（全員一致の同意が必要）（会社法第387条第2項，第361条第3項）
- 監査方針，監査計画，監査の方法，職務の分担等の策定又は見直し（会社法第390条第2項第3号）

③ **期中の議題**

（i）**定例的に発生する事項**

- 各監査役等からの監査実施報告（情報共有の観点から毎月の定例報告としているケースが多い）
- 監査人による四半期レビュー結果の確認

（ii）**イレギュラーに発生する可能性がある事項**

- 資金調達に係る各種意見形成
- 利益相反取引に係る各種意見形成
- その他特殊事象に係る各種意見形成
- 監査方針，監査計画の見直し
- 監査役会等関連規程の改正に関する協議

④ **期末・会計監査報告受領時の議題**

（i）**毎期発生する事項**

- 会計監査人の期末監査結果の確認
- 会計監査人の職務遂行の適正性確保体制（会社計算規則第131条の通知事項）の確認
- 会計監査人の監査の相当性の審議
- 会計監査人の再任の審議
- 会計監査人の報酬額同意

- 期末決算・株主総会に関連するスケジュールの適法性の確認（☞P. 112）
- 監査役会等の監査意見の審議（必ず1回以上の審議が必要，会社法計算規則第123条第3項参照）
- 株主総会付議事項の監査確認
- 監査意見に影響を及ぼす事項についての審議（ないことの確認も）
- 次年度監査方針，監査計画

(ii) **イレギュラーに発生する可能性がある事項**

- 会計監査人の選解任・不再任議案内容決定の審議
- 監査役等の選任に関する議案同意・議案請求についての審議
- 監査役等の選解任に関する意見についての審議

⑤ **決 議 方 法**

　監査役会の決議は，監査役全員の過半数の賛成をもって行われます（会社法第393条第1項）。欠席した監査役等がいた場合も，過半数をカウントする際の母数は監査役全員の員数となりますので注意が必要です。

　また，監査等委員会の決議は議決に加わることができる監査等委員の過半数が出席し，その過半数をもって行われます（会社法第399条の10第1項）。

(6) **監査役会等議事録の作成**

　監査役会等が終了したら，速やかに議事録を作成し，出席監査役等は内容を確認し記名押印します（会社法第393条第2項，第399条の10第3項）。

また，議事録には以下の事項を記載する必要があります（会社法施行規則第109条第3項，第110条の3）。

① **監査役会等が開催された日時及び場所（当該場所に存しない監査役等，取締役，会計参与又は会計監査人が監査役会等に出席をした場合における当該出席の方法を含む）**

② 監査役会等の議事の経過の要領及びその結果
③ 次に掲げる報告において，監査役会等において述べられた意見又は発言があるときは，その意見又は発言の内容の概要
  • 取締役が，会社に著しい損害を及ぼすおそれのある事実があることを発見したことを監査役会等に報告した場合
  • 会計参与が，その職務を行うに際して取締役の職務の執行に関し不正の行為又は法令若しくは定款に違反する重大な事実があることを発見したことを監査役会等に報告した場合
  • 会計監査人が，その職務を行うに際して取締役の職務の執行に関し不正の行為又は法令若しくは定款に違反する重大な事実があることを発見したことを監査役会等に報告した場合
④ 監査役会等に出席した取締役，会計参与又は会計監査人の氏名又は名称
⑤ 監査役会等の議長が存するときは，議長の氏名

なお，「監査役会等の議事の経過の要領及びその結果」はどれくらい詳細に記載するか悩ましいところですが，端的になりすぎた内容だと，どのような議論の経過をたどったのかが不明瞭となり，監査役等として十分に責任を果たしたのかが説明出来ない可能性があります。そのため，結論のみを記載するのではなく，議論の大まかな経過や重要な発言は記載されるのが望ましいと考えられます。

ただ，監査役会議事録は取締役会議事録と同様，株主の請求により株主に開示される可能性がありますので，機密事項をあまりにも詳細に書くのは避けるべきです。

13 その他

(1) 内部通報への対応

何らかの原因で会社が敷く内部統制では対応しきれなかった不祥事等につい

て，社内で対応出来る最後の発見手段として**内部通報制度**があります。

　監査役等としては，内部通報制度がまずきちんと構築されているかを確認します。制度自体がない場合はもちろん，制度はあっても通報する先が社内の管理部門のみなど不十分な状況であったり，通報受信後のマニュアルが整備されていなかったりする場合がありますので，まずは実態として，「安心して通報が出来る状況」かどうかを確かめます。

　そして，実際の通報内容については，出来るだけ速やかに監査役等にも情報が入るようにしましょう。内部通報制度の整備・運用自体は内部統制システムの一環と考えられますので，執行側に責任がありますが，監査役等は内部統制システムが正しく整備・運用されているかを監視検証する責任がありますので，通報を無視するなどの状況が発生していないことを確認しなければなりません。出来れば第一報の段階で監査役等も内容を把握し，顛末まで問題が発生していないことをよく確認するようにしましょう。

(2)　研修への参加

　監査役等にとって，研修に参加し最新情報や知見を入手することも重要な業務のひとつです。日本監査役協会をはじめとした各種機関で，有料・無料の研修会や勉強会，イーラーニング等多数の用意がありますので，ぜひ興味のあるものには積極的に参加し情報を吸収しましょう。

　しかし，時々研修参加が業務の「メイン」になっている方をお見受けします。研修はあくまで日常の監査業務をアップデートするための手段でしかなく，監査活動ではありませんので，得た情報は日常の監査活動に生かせるよう，常にアウトプットを意識したインプットを行うようにしましょう。

　研修費の負担については執行側が渋るという話も聞きますが，多くの場合は費用対効果に疑問を持っているようです。何を学びそれをどう生かすのか，監査役等側にも丁寧な説明と，学んだことの執行側等への共有があっても良いのではないかと思います。

不正のトライアングル

　監査役等として，常に気をつけておく必要があるのは「不正の兆候」です。しかし，実際に不祥事の起きた会社で良く聞かれるのは「まさかあの人が」「まさかあの部署が」という声です。

　実世界ではドラマや漫画の世界のように「見るからに根っからの悪人」が不正を働くことは極めて少なく，ごく普通の価値観を持った普通の人が，いつの間にか不正を行っているケースが非常に多いのです。

　不正が起きる要因として，**不正のトライアングル理論**が有名です。これは，不正を行う**「動機」「機会」**と不正に対する**「正当化」**という３つの要因が重なった際に不正が発生する，というものです。例えば近年多発した品質不正などでは，品質が基準に満たないので何とかしたいという「動機」，品質の値を改ざんできる環境という「機会」，そして数値を捻じ曲げることに罪悪感を抱きにくい環境という「正当化」要因の３つが揃っていることが分かります。

　監査役等としても，この３つの要因に着目して監査を行うことで不正のリスクにアプローチすることができます。役職員個人のプライベートや心情までは踏み込めないため，「動機」を減らすことは難しいですが，「機会」については内部統制などの仕組みの構築により直接的に，また「正当化」については不正を許さないというトップメッセージや，失敗を申告しやすい環境など，社風や文化から間接的に取り組んでいくことが効果的ですので，監査の中でも，このような取り組みが十分行われているか，という視点を常に持っておくことが重要です。

14　期末監査

(1)　期末スケジュールの適法性確認

　決算日前から株主総会までの一連のスケジュールについて，法令上，ないしは定款上必要な日数以内であるかなどを確認します。

　特に以下の日にちについては，可能であれば，決算日前の出来るだけ早期の段階で確認するようにしましょう。

---

①　基　準　日
　株主総会で議決権を行使することが出来る株主を決定するため，多くの

会社では定款に基準日を定めています。ほとんどは決算日と同日ですが，念のため確認しておきましょう。

② **決算発表日**

　上場会社の場合，決算日から45日以内（30日以内がより望ましい）と定められています。非上場企業においては決算発表は任意ですが，上場を目指している場合，前述の日程で決算発表が行えることを示すため，同様のスケジュールで決算短信を作成し，取締役会において承認する必要があります。

③ **株主提案権の行使期限**

　6か月前より引き続き総株主の議決権の100分の1以上または300個以上の議決権を有する株主は，株主総会の8週間前（定款で短縮可）までに株主総会の議題・議案を提案することができます。念のため確認しておきましょう。

④ **会計監査人の監査報告の通知日**

　会計監査人は，法令上以下の日までに，特定監査役等及び特定取締役（定めていない場合には監査役等及び取締役の全員）に対し，監査報告の内容を通知しなければならないこととされています。

⑤ **計算書類・附属明細書…以下のうちいずれか遅い日**（会社計算規則第130条第1項第1号）
- 計算書類の全部を受領した日から4週間を経過した日
- 計算書類の附属明細書を受領した日から1週間を経過した日
- 特定取締役，特定監査役等及び会計監査人の間で合意により定めた日

⑥　連結計算書類

- 連結計算書類の全部を受領した日から４週間を経過した日
- 特定取締役，特定監査役等及び会計監査人の間で合意により定めた日がある場合にあっては，その日（会社計算規則第130条第１項第３号）

　上記の通知すべき日までに通知がなされなかった場合には，監査を受けたものとみなされます（同条第３項）が，実務上は「合意により定めた日」を下記決算承認決議日，監査役会等の監査報告書日から逆算して予め協議しておき，その日を監査報告書日としているケースが多いようです。

⑦　監査役（会）等・監査等委員会の監査報告日

　特定監査役等は，法令上以下の日までに，特定取締役（定めていない場合は取締役全員）及び会計監査人に対し，監査役会等の監査報告の内容を通知しなければなりません。

⑧　計算書類とその附属明細書…以下のうちいずれか遅い日（会社計算規則第132条第１項第１号）

- 会計監査報告を受領した日から１週間を経過した日
- 特定取締役，特定監査役等の間で合意により定めた日があるときは，その日

⑨　連結計算書類

- 会計監査報告を受領した日から，１週間を経過した日
- 特定取締役，特定監査役等の間で合意により定めた日があるときは，その日（会社計算規則第132条第１項第２号）

　会計監査人による監査と同様，通知すべき日までに通知がなされない場合には，監査を受けたものとみなされます（会社計算規則第132条第３項）。

また，実務上は「合意により定めた日」を下記決算承認決議日から逆算して予め協議しておき，その日を監査報告書日としているケースが多いようです。

　なお，会計監査人の監査報告書日と監査役会等の監査報告書日を，1週間の期間内でどれくらい空けるかについては各社まちまちですが，監査役会等の監査完了や監査役会等での確認手続などに必要な期間は確保するようにしましょう（監査役等が作成する監査報告書については☞P.119参照）。

⑩　**計算書類・事業報告等の取締役会承認日，定時株主総会の招集・付議事項に関する取締役会決議日**

　取締役会設置会社においては，計算書類・事業報告及びこれらの附属明細書は，取締役会の承認を受ける必要があります（会社法第436条第3項）。

　また，株主総会の招集は取締役会で決議する必要があります（会社法第298条）。そのため，監査役（会）等の監査報告書日と招集通知発送日の間に，取締役会を開催し，計算書類・事業報告等の承認と株主総会の招集について決議する必要があります。

⑪　**招集通知発送日**

　株主総会の招集通知は，株主が十分な検討のもと議決権を行使出来るよう，

- 計算書類・連結計算書類
- 事業報告
- 監査役（会）等・会計監査人の監査報告書

を添付の上，以下の期限までに発送します（会社法第437条，会社法施行規則第133条）。

　また，書面投票制度や電子投票制度を設けている会社は，株主総会参考資料を招集通知と併せ発送します（会社法第301条第1項第2項，会社法

施行規則第65条）。

- 公開会社…株主総会の日の２週間前まで
- 非公開会社…株主総会の日の１週間前まで（非公開会社で書面又は電磁的方法によって議決権を行使できるとしている会社…２週間前）

　なお，前述の書類は，定款で定めることにより，書面等による提供の代わりにインターネットによる開示を行うこともできます（会社法施行規則第94条，第133条第３項等）。ただしインターネットによる開示のみで足りる項目は限定されていますので，書面交付が必要な項目を誤ってインターネット開示のみとしていないか，注意が必要です。

⑫　株主総会日

　定時株主総会は毎事業年度終了後一定の時期に開催する必要があります（会社法第296条第１項）。ただし，議決権行使のための基準日を定めた場合，基準日株主が行使することができる権利は当該基準日から３か月以内に行使するものに限られるため（会社法第124条第２項），多くの会社では基準日である**期末日から３か月以内**に開催しています。

⑬　有価証券報告書提出日

　有価証券報告書は**事業年度終了後３か月以内**に提出する必要があります。以前は有価証券報告書には株主総会で承認された計算書類・事業報告の添付が求められていたため，株主総会後の提出となっていましたが，現在でもそのスケジュールを踏襲し株主総会後に提出する会社がほとんどとなっています。

⑭　それぞれ書類の「実質的な」締切日

　上記のそれぞれについて，印刷等の工程がある場合，書面上の日付より

相当早いタイミングで校了する必要があります。監査役等監査をいつまで
に終える必要があるのか，事前に良く確認しておきましょう。

(2)　決算に関する論点整理

　決算を行うにあたり，論点となりそうな事項については事前に整理し，決算
に入ってから長時間の議論に及ぶことのないようにしておくのがベターです。
会計監査人と執行側で議論した内容を監査役等がひっくり返すことがないよう，
論点整理の場には極力監査役等も出席し，論点と決着を確認するようにしま
しょう。

　また，執行側には後発事象等になりうる事象がないかも併せて確認します。

(3)　計算書類・事業報告及びその附属明細書の監査

　計算書類，事業報告及びその附属明細書は監査役等による監査が法定されて
います。それぞれ以下のような観点を中心に監査します。

① 　**計算書類（附属明細書含む）**
- 記載すべき項目が漏れなく記載されているか
- 財務諸表の数値は最終の試算表と整合しているか
- 計算書類内に記載されている整合すべき数値は全て整合しているか
- 注記などの記載内容・数値の元の計算資料に誤りはないか，また転記
  ミスなどはないか
- 縦計，横計に間違いはないか
- 誤字・脱字，レイアウトミスなどはないか

② 　**事業報告（附属明細書含む）**
- 記載すべき項目が漏れなく記載されているか
- 虚偽，もしくは過度に誇張，過度に矮小な表現や記載はないか
- 記載内容には全て根拠があるか，また根拠通りに記載されているか

117

- 誤字・脱字，レイアウトミスなどはないか

　項目が網羅されているかについては，経団連が公表している「会社法施行規則及び会社計算規則による株式会社の各種書類のひな型」が参考になります。また，日本監査役協会からチェックリストも公表されていますので，併せて確認することをおすすめします。

(4) その他作成・開示書類の監査

　その他期末に作成や開示が求められる書類としては，以下のものが挙げられます。

- 定時株主総会招集通知及び株主総会参考書類

また，上場企業であれば以下の書類も作成・開示が求められます。

- 有価証券報告書・内部統制報告書
- コーポレートガバナンス報告書
- 適時開示

これらの開示書類についても，以下の観点を中心に監査します。

- 開示書類作成体制の整備・運用状況の確認（特にチェック体制やスケジュールに問題がないか）
- 開示すべき内容が定められた方法で開示されているか（特に適時開示事項をプレスリリースなどで開示してしまった例があるため注意）
- 定められた内容が漏れなく記載されているか
- 開示内容が，監査上得られた他の情報と齟齬がないか（特に定性情報など）
- 開示内容には正確な裏付けがあるか
- 誤字脱字や数値の計算間違いはないか
- 他の機関から指摘された事項は社内で検討され，反映すべきものは全て反映されているか

開示書類のうち，印刷会社が記載例を出しているものについては，記載例の中にもチェックリストがありますので，併せて参考にされることをおすすめします。

なお，決算短信，適時開示，コーポレートガバナンス報告書，内部統制報告書（上場後3年間）については監査法人の監査対象外となりますので，監査役等としても十分な注意が必要です。

(5)　監査報告書の作成

監査役等は監査を実施した結果として，監査報告書を作成しなければなりません（会社法第381条第1項）。監査報告書に記載すべき文言は法定されておらず，原則として自由に記載することができますが，ひな型を日本監査役協会が公表していますので，こちらを活用するのが一般的です。

監査報告書の文言については，ご自身が実施した監査と照らし合わせ，監査未実施の項目や虚偽がないよう慎重に確認しましょう。

なお，監査報告書を作成しなければならない機関は以下の通りとなります。

	監査役 設置会社	監査役会 設置会社	監査等委員会 設置会社
監査役 ・　監査等委員個人	○	○	－
監査役会 ・　監査等委員会	－	○※	○※

※　監査役会，監査等委員会の監査報告書において，他の監査役等と異なる意見があるときは，監査報告書に当該内容を付記することができます（会社計算規則第128条第2項）。

(6)　株主総会の監査

株主総会に関する一連のスケジュール，招集手続から当日の運営，事後処理まで全て適法に実施されたかを確認します。日本監査役協会でチェックリストを公表していますので，当該チェックリストを利用しながらの監査が便利です。

特に非上場の場合は，株主総会が身内だけということもあるため，簡略に済ませてしまうことありますが，法令違反の状態とならないよう，よく確認します。

また，上場企業の場合は不特定多数の株主が来場しますが，当日の質疑応答で慌てることのないよう「想定問答」を作成している会社が多くあります。株主総会当日の質疑応答状況も監査役等の監査対象になりますので，可能な限り事前に閲覧し，説明しすぎ（インサイダー情報に該当することまで話してしまうなど），もしくは過度に説明しない，といった状況がないようにします。

株主総会が終わるとホッとしてしまいがちですが，事後処理まできちんと確認するようにしましょう。主に確認すべき内容としては以下のようなものがあります。

---

① 有価証券報告書等の提出（上場会社のみ）

② コーポレートガバナンス報告書の変更届出（上場会社のみ）

③ 独立役員変更の届出（上場企業のみ）

④ 計算書類の公告（有価証券報告書提出会社ではない会社のみ）

⑤ 登記事項の変更があった場合，登記（資本金の額，発行可能株式総数，単元株式数，新株予約権，役員・会計監査人の異動，責任限定契約，公告方法など）

⑥ 株主に対する決議事項の通知

⑦ 配当の支払（配当決議があった場合のみ）

⑧ 役員報酬の個人別の額の確定（総額の決議があった場合）

⑨ 役員退職慰労金の確定と支給（当該決議があった場合）

⑩ 変更後の定款作成（定款変更の決議があった場合）

⑪ その他総会決議事項があれば，その処理

⑫ 株主総会議事録の作成

⑬ 法人税等確定申告書の提出

2　イベントワーク

本書においてイベントワークとは，事象が発生した際に実施する監査を指します。それぞれ法的論点が多いため，本書では詳細を割愛しますが，ベンチャー企業や中小企業で比較的多く発生すると思われる事象について，以下監査上のポイントを解説します。

1　資金調達関係

ベンチャー企業や中小企業では資金需要が旺盛なことが多く，資金調達は比較的頻繁に発生するイベントです。他方，特に資本による調達は法定されている事項が多いため，結果として違法とならないよう，監査役等としても細心の注意を払う必要があります。

まず前提としては，自社の資本政策や今後の方針について，代表取締役や財務担当役員に確認しよく理解しておきましょう。

そして，もし何か不安を感じる場合には，早めに専門家を活用することをおすすめします。

(1)　銀行借入での調達

銀行からの借入については，現在は主に「証書貸付（金銭消費貸借契約書を締結し借入れる方式）」と「当座貸越（当座預金口座において，「極度額」を設定しその金額範囲内であれば自由に出し入れ出来る方式）」の2種類があります。

基本的には全て銀行が自行内で融資審査を行い，返済能力があると認められた会社にのみ貸付がなされるため，そこまでハイリスクになることは少ないですが，監査役等としては，

　　➤　借入の目的や金額は合理的なものか
　　➤　中長期的な事情を鑑み，無理な借入や条件の悪い借入ではないか
といった点はきちんと確認しておきましょう。

⑵　ストックオプション発行

　ストックオプションとは，会社の役員や従業員等が当該会社の株式を予め定めた行使価格で購入出来る権利のことをいいます。つまり，自社の株式を将来的に安く買うことが出来る（そして高く売ることで利益を得ることが出来る）権利とも言えます。なお，似た言葉として「新株予約権」がありますが，ストックオプションは新株予約権の一種となります。

　特にベンチャー企業は手元資金がなく，モチベーション向上に繋がりうる金額の現金給与を支払えないことがありますが，一方で将来的に大きな成長の可能性があり，短期間に企業価値の急激な増加が見込まれることがあります。また，企業価値が高まれば高まるほど権利取得者の利益に繋がりますので，権利取得者の企業価値向上へのモチベーションにもなります。

　現在ストックオプションは様々な設計が試みられており，一概に説明することが難しい状況となっています。また，法務・税務両面から様々な制約があり，その発行については単純な判断も難しくなっています。

　監査役等としては，自身のみで細かい論点まで判断するのが難しいこともありますが，専門家の助言も得ながら，一般的には以下の点について問題なく対応出来ているか，といった観点からの監査を中心にするべきと思われます。

> ➢　新株予約権の内容，手続が法令に違反していないか
> ➢　発行価額は妥当か（適切な計算のもと決定されているか）
> ➢　後発事象への該当可能性が検討され，注記など適切な対応がなされている

⑶　増資，自己株式の取得・処分，その他株式関係

　資本に関連するイベントとして「増資（公募増資，第三者割当増資）」「自己株式の取得・処分」「種類株式の発行」などがあります。

　特に未上場のベンチャー企業では，ベンチャーキャピタルから出資を募る際，第三者割当増資や種類株式の発行により行うことが多いですが，その方法につ

いては会社法及び金商法による規制があります。

　監査役等としては，ストックオプションの発行と同様，自身のみで細かい論点まで判断するのが難しいこともありますが，専門家の助言も得ながら，一般的には以下の点について問題なく対応出来ているか，といった観点からの監査を中心にするべきと思われます。

> 当該イベントの内容・手続が法令に違反していないか
> 当該イベントは経営判断原則に則った判断がなされているか
> 第三者割当増資の場合，有利発行に該当していないか
> 第三者割当増資の場合，選定した割当先は妥当か
> 増資など資金移動がある場合，当該価額は適切な計算のもと決定されているか
> 有価証券届出書や後発事象注記など，必要な開示がなされているか

2　新規事業関係

　大企業では，「新規事業の開始」というと，まず然るべき部署による十分な事前調査があり，社内の根回しや調整を経て稟議が上げられる，といった流れが一般的だと思われますが，特にベンチャー企業では，そのような手続を踏まず，驚くほど静かに始まることが多いです。取締役会に上程されるタイミングは，大型の資本投下など最終的な意思決定のタイミングであることがほとんどですので，このタイミングで問題が見つかっても後戻り出来ない，ということも往々にしてあります。

　他方，「とりあえずの挑戦」や「スモールスタート」が出来ることがベンチャー企業の存在価値でもありますので，監査役等としては出来るだけ早い段階で新規事業のスタートを把握出来るような体制を構築し，監査を開始することがポイントとも言えます。

　また，ベンチャー企業では驚くような（場合によっては理解が出来ないような）事業が議論されることもありますが，何でも闇雲に止めれば良いという訳ではありません。当該事業で叶えたいことと，法令等遵守の両立を目指すこと

が求められます。

監査役等が持つべき基本的な視点としては，**現行の法令や確立している社会規範の遵守を確認**したうえで，**その事業が会社や株主，社会など，ステークホルダーすべての利益に繋がるかどうか**，という視点からの監査となろうかと思います。広義の「妥当性」にも該当するものと思いますが，特に現在の法令等のルールでは判断しきれないような場合は，未来を見据えた視点で考える必要があると思われます。

3　M&A関係

M&Aも頻繁に実施されるイベントではありますが，基本的には新規事業と同様，「法令に遵守した手続が行われているか」「シナジーなど理由は合理的か」といった観点からの監査を行うことになります。特に投資する側の場合，話がまとまった最終の段階で監査役等に情報が来ることも少なくないですが，そのタイミングでは監査役等に出来ることは限られてしまいます。予め情報提供の重要性を執行側に良く説いておき，可能な限り早いタイミングで一報を受けることが重要です。

 ## 9　大企業とベンチャー企業・中小企業とのギャップ

本書の対象である，ベンチャー企業や中小企業の監査役等に就任された方の中には，大企業から転職して来られた方も多いのではないでしょうか。しかし，そのような方のお話を伺うと，大企業との違いに戸惑い，取締役や従業員との関係が上手くいかないケースも聞かれます。

カルチャーショックはどのような会社への転職でも多かれ少なかれあるものではありますが，特に以下のような部分で強いショックを感じる方が多いよう

です。ただ，予めこのような「特徴」があることを知っておけば，ご自身なりの対応策も見つかるものと思います。

🔟　意思決定スピードが最優先

　特に立ち上げたばかりのベンチャー企業などは，スピードを最重視していることが多くあります。大企業では事前の根回しに始まり，多くの部門の決裁を経てやっと話が始まる，というのが当たり前ですが，ベンチャー企業ではそのあたりは完全に飛ばし，社長に直談判して即決，などということも日常茶飯事です。ただ，スピードを最優先し，中には必要と思われる内部統制を軽視してしまうケースもあるようです。

　一方で経営体力のないベンチャー企業では，他社に出し抜かれること，他社に遅れることは致命傷になりえます。従って，意思決定スピードを殺さずに必要な内部統制をシンプルな形で入れていくことが重要となります。

　例えば稟議などにおいても，古い会社では不要と思われる部署にも「念のため」回付していることも良くありますが，意思決定スピードを重視するためには出来るだけ意味のないアクションは避け，その代わり確実に実行してもらえるような統制を敷くことが重要です。逆に考えると，監査役等への回付や情報提供が「意味がない」と思われないよう，監査役等も十分留意する必要があります。

🔢　情報は向こうからは来ない

　大企業では内部統制が完成しており，情報は待っていれば向こうから勝手に来ることが通常だと思いますが，ベンチャー企業や中小企業では，内部統制が未発達のためそうは行きません。

　例えば，新任の常勤監査役の方が「常勤監査役です」と挨拶して席に着いても，毎日誰からも話しかけられず，どうなっているんだ，と怒り出したという話も聞きます。基本的に自分から聞かなければ誰も何も伝えてくれない，と考え，情報伝達ルートの構築はもちろんのこと，自身もアンテナを高く，かつ広

範に張り，少しでも気になることがあればこちらから聞きに行くことが非常に
重要です。

3　社内の階層が少ない

　大企業からベンチャー企業や中小企業に移られた方は，社長との近さに面食
らうことが多いようです。社長が他の社員と机を並べて一緒に仕事をしている
風景はもはや当たり前ですし，監査役等も同様で，別室の用意があるケースは
極めて稀です。つまり階層が極めて少なく，フラットな組織形態を取っている
会社が多いのも特徴といえます。

　階層の少なさは良い点も多くありますが，一方で情報伝達に難が生じている
こともあります。トップから伝えた話が伝わっていない，変わっている，どこ
かで止まっている，という事態はある程度の人数を超えてくると必ず発生する
問題です。従って「伝達したからOK」ではなく，監査役等としては伝達事項
がきちんと理解されているか，浸透しているかについてまで確認する必要があ
ります。

4　特定人物に依存していることが多い

　ベンチャー企業や中小企業では，創業から日が浅かったり，社内の異動が定
例化していないことなどから，業務フローや内部統制が特定の人物に依存して
いるケースが多く見られますが，その特定人物が十分な引き継ぎもなく突然退
職してしまったり，何らかの事情で会社に来られなくなってしまった際にフ
ローが止まってしまったり，統制が利かなくなってしまうといった事態が考え
られます。そのような際，大企業では異動などで速やかに人員の補充がなされ
るところでも，ベンチャー企業や中小企業ではいつまで経っても人の補充が叶
わないということも往々にしてあります。

　また業務のやり方も，その人のみが知るような方法で行っており，属人的に
なってしまっていることも多くあります。

　特定人物への依存は人数的にやむを得ない部分もありますが，極力「その人

がいなくなっても回る」ように，業務フローは出来るだけシンプルに，かつ文書化して見える化しておくことが重要です。

　監査役等としても，内部統制システムに対する監査の一環として，上記のような状況が見えている場合は指摘を行っても良いと思われます。

⑤　役員・従業員の「当たり前」がそれぞれ違う

　大企業では新卒一括採用が一般的ですので，学校卒業後その会社で皆が同じように研修を受け育成されます。そのため価値観をはじめ，コンプライアンスに対する知識やスタンスなども社員間で共通認識が醸成されていますが，特に若いベンチャー企業では中途入社の方が大半のケースが殆どです。

　その場合，「育ってきた環境が異なる」ことから，自身が当たり前だと思っていたことが他の方にとっては当たり前でないこともあります。人材が多様化しているという面ではプラスの部分も多分にありますが，コミュニケーションには丁寧さが必要になってきます。

　監査役等としても，指摘事項などは極力バックグラウンドも含め丁寧に解説する他，機会を見て社内研修など共通認識が持てる機会を作っても良いかもしれません。

⑥　前例がない，ルールが存在しないことを行うことがある

　これまで誰もしたことのないことを行うことがベンチャー企業の使命であり，醍醐味でもあります。ただ，前例がないことには法令はおろか，社会的な評価や世論，個々人の意見すら定まっていない場合もあり，監査役等としては大変難しい判断が迫られる場面です。言い換えれば，個人の倫理観だったり人間観が問われる場面とも言え，頼る規範を社会に存在しているものだけでなく自身にも問いかける必要が出てきます。

　とは言え，少なくとも社会的な意義や，社会全体（国内のみならず世界的にどうか）への影響については，どのような場合でも判断軸になろうかと思います。自己のみの利益を追求しているのか，社会的にプラスの意義があることな

のか，マイナス面があるとすれば何をすればカバーされるのか，といった点での検討を促すことも重要かと思われます。

　また，物事を進める順番も重要です。特に若い方の多い会社では，自分たちの理論のみで物事を進めてしまう方たちもいらっしゃいますが，良いサービスであっても適切な相談先に適時に相談していなかったために，いざ世に問う段階になって各方面から批判が噴出する，といったケースも多く見られます。どういう順番で，（特に社外の）誰を巻き込みながら進めると上手くいくのか，監査役等としても知恵を貸しても良い場面かと思われます。

10 実務で困ったときの対処法

　どれだけ経験豊富な方であっても，やはり監査役等としての実務を行う中で，経験がないこと，知識がないことなどで困ってしまう場面は起こり得ます。そのような際，「相談先がないから」と一人で抱え込んで解決しようとする方を多くお見掛けしますが，善管注意義務の観点から言っても得策ではありません。それではどのような解決策があるでしょうか？いくつかおすすめの対処法をご紹介します。

■ 頼れる専門家を多く持っておく

　まず最も頼りになるのは各分野の専門家です。法務なら弁護士，会計・税務面なら公認会計士や税理士，労務関係なら社会保険労務士などが当てはまります。

　取っ掛かりとしては，会社で顧問契約を結んでいる各専門家と早めにコミュニケーションを取り，いつでも直接連絡を取れるようにしておきましょう。

　とはいえ，会社で顧問契約を結んでいる以上，執行側寄りの意見となってしまう可能性もありますし，専門家もそれぞれ得意分野・不得意分野がありますので，監査判断を行うに足る意見を得られない可能性もあります。そのため可

能であれば，ぜひ監査役等が各専門家と直接の繋がりを多く持っておくことをおすすめします。

　もし相談件数が多くなりそうであれば，監査役会等として顧問契約を結ぶという手もありますが，問題ごとに単発で相談出来る関係でも良いと思います。

❷　「横」の繋がりの重要性

　専門家の方は判断の基礎となる情報を提供してくれますが，実際に監査作業に落とし込むところまでアドバイスをいただくのはなかなか難しいものがあります。また自社で困っていることはおおよそ他社でも同じ問題に直面していることが多いですので，他社に既に先行事例がある可能性もあります。そこで，ぜひ監査役等同士の横の繋がりを持ち，積極的な情報交換を行うことをお薦めします。

　例えば次に紹介する日本監査役協会では「実務部会」という勉強会が開催されており，会社規模やテーマごとにいくつかの会に分かれ，各社の監査事例を持ち寄って意見交換をしたり，法改正などの最新情報について情報交換を行ったりしています。

　その他，「一般社団法人 監査懇話会」などの団体もありますし，私的な監査役等の集まりも多数組成されています。まずは監査役等の知り合いを作り，そこから交友関係を広げていかれることをお薦めします。

　ご自身だけの悩みだと思っていたことが他社でも同様だと知ることが出来ると，それだけで気持ちが軽くなることもあります。

❸　日本監査役協会への加入

　監査役の相互研鑽の場として，公益社団法人 日本監査役協会という団体があります。

　1974年（昭和49年）設立で，「監査制度について建議等を行うことで監査役等（監査委員，監査等委員，監事含む）の監査の実効性向上を図り，もって我が国企業等の適切な運営に貢献し，国政の健全な運営の確保に資すること，ま

た公正かつ自由な経済活動の機会の確保及び促進並びにその活性化により国民生活の安定向上に資すること」を目的とした団体です。

　事業内容は，「監査制度に関する政府及び関係機関等への提言，実務指針・報告書の編纂」「監査制度に関する調査・情報収集・分析，情報提供」「監査役等に求められる機能と権限が発揮されるよう専門知識の習得を図る機会等の提供」「監査制度・実務等に関する各種相談・質問」の４つを柱としています。

　会員数は約7,000社（うち上場企業約3,000社）となっており，我が国最大の監査役等の組織となっています。なお会員企業は大企業も多くいらっしゃいますが，7割の企業は資本金50億円以下と，比較的中小規模の企業が多数を占めているようです。

　また，運営は理事会から各種部会まで各社の監査役等が主体となって行われています。

　協会が実施している活動で，入会することにより得られるメリットは主に以下のものがあります。

1　各種実務部会への参加

　日本監査役協会には現在４支部（本部（東京・丸の内），関西（大阪・渡辺橋），中部（名古屋・伏見），九州（博多））がありますが，それぞれで実務部会という相互研鑽の会が開かれており，前述の「横の繋がり」を得られる場としても機能しています。

　東京では１つの部会が100名前後の規模感で，日常的な監査の実施状況から専門的テーマまで，また形式も発表形式やディスカッション形式など，各部会工夫を凝らした運営が行われています。

2　月刊監査役の無料購読

　監査役必読の機関紙「月刊監査役」を毎号入手することが出来ます（非会員の方も購入可能です）。監査役等業務を行ううえで知っておきたい，また気になるトピックについて，一流の方による解説がなされており，大変参考になる

内容となっています。

3　各種ナレッジの利用

同協会HPには「監査役監査要領」や「新任監査役ガイド」など実務の基礎情報の他，各種ひな型が掲載されておりますが，会員は実務により利用しやすいWord・Excel形式等での入手が可能になっています（非会員はほとんどのファイルがPDF版のみ利用可能で，コピー＆ペーストや編集が出来なくなっています）。

4　Net相談室

同協会HPには，会員から寄せられた実務上の疑問や問題点等について，経験豊富な監査役OBの方が回答する「Net相談室」というサービスがあります。ご相談を送るのはもちろん，1万件を超える質問回答がいつでも閲覧出来ますので，疑問に思ったことがあればまずこちらを閲覧するのが良いと思います。

5　研修会・講演会，監査役全国会議等への参加

大学教授，弁護士など一流の講師をお招きした研修会に会員価格（非会員のおよそ1／3）で参加が可能な他，無料で参加可能な講演会も毎月開催されています。内容は毎回非常に充実しており，他ではなかなかこの価格で聞けるものではありません。

また，監査役等の監査水準向上と相互の情報交換の場として，「監査役全国会議」が年2回開催されています。

6　入会に迷ったら

新任監査役等の方（特にベンチャー企業等で1人目の常勤監査役として就任される方）から，日本監査役協会入会についてのご質問を頂くことがあります。特に社内への説明が難しく，入会への理解が得られない，ということがあるようです。理解が得られない理由として「コストパフォーマンス」を挙げられる

ことも多いようですが，前述のような提供サービスをきちんと活用することで，会費以上のメリットを得られることは間違いないですので，これだけのサービスがあることを十分説明することをおすすめします。また，当然ですが加入後は積極的に活用することも重要です。

4　補助者の増員

　実務上困っていることが「会社規模が大きくなってしまい，一人では手が回らない」など物理的なリソースの問題であれば，解決策の第一選択はやはり人員の増加ということになろうかと思います。とはいえ資金が必ずしも潤沢にあるわけではないベンチャー企業・中小企業では，気軽に人員増を要求しづらいという課題もあります。

　そのような時，選択肢の一つとして考えられるのが内部リソースの利用です。例えば内部監査部門のリソース，管理部門のリソースなどが考えられます。ただし，理論的には内部監査，管理部門などはいずれも業務執行側であり，本来監査役等の監査対象であることは十分留意すべきですし，監査内容によっては立場上監査遂行が難しいこともあります。さらに自己監査にならないよう配慮する必要もあります。

　なお，もし常勤の監査役補助者を採用したり，異動により確保するのが難しい場合は，スポットの業務委託として監査役補助者の派遣を検討されるのも一案です。

Column 3　情報収集の手段を工夫する

　監査役等にとって，いち早く情報を収集することは非常に重要です。問題が大きくなってから最後の最後で知った，となると，その時点から対応出来ることはどうしても限定的にならざるを得ず，場合によっては任務懈怠や善管注意義務違反を問われる可能性もあります。

　一般的には監査を通じて，もしくは新聞などマスコミの報道などで内外の情報を収集することが多いと思いますが，以下のような工夫を行っている方もいらっしゃいます。

覆面調査

　特にBtoCの会社では，監査としてではなく，お客さんとして当該サービスを利用したり，店舗で買い物をすることで気が付くことが多数あります。監査で訪れた時に見えるものは「監査用」に作られた，いわば「よそ行きの顔」ですから，本音の部分に迫るにはこのような工夫も良いのではないかと思います。

SNSの活用

　最近はSNSに不祥事の兆候などが挙がることが多くあります。あるサービスの問題点について，会社が認知し対応するよりずっと前からSNSでは問題点が指摘されていた，というようなケースもあり，いち早い情報のキャッチアップには大変有用なツールです。

　当然，真偽不明な情報も多いですが，多くの方が異口同音に同じことを言っている，真実性の高い物証の写真がある，などある程度の吟味は誰でも可能ですし，端緒をつかむ目的で活用するのも良いのではないでしょうか。

仲の良い従業員を沢山作る

　出来るだけ形式的ではない「生」の声を集めるには，聴取する人とされる人の，個人間の関係性が非常に重要です。監査の時だけではなく他のタイミングも活用し，「いざというときに話してもらえる」関係を多くの方と構築しておくことで，監査だけでは得られなかった声を拾うことが出来るようになるのではないでしょうか。

第 Ⅴ 章
監査等委員会の実務

　この章では，**監査等委員会設置会社**における，**監査等委員会**の実務について説明します。

　監査等委員会の業務は「監査」の他に「等」の部分に分けられますが，この章では「等」の部分を中心に説明します。監査等委員会が行うべき「監査」業務は監査役監査とほぼ同様と考えてよいため，監査等委員に就任済もしくは就任予定の方は，他の章の監査役監査業務についての記述に加え，この章についても確認するようにしてください。

　なお，現状では大企業において選択されることが多い，指名委員会等設置会社における監査委員会の実務については，本書では割愛いたします。

1 監査等委員会設置会社の概要と移行メリット

　第Ⅱ章での解説の通り，監査等委員会設置会社とは「指名委員会」「報酬委員会」「監査委員会」の3つの委員会を「監査等委員会」としてひとまとめにした，「監査役会設置会社」と「指名委員会等設置会社」の間に位置する新しい機関設計の形態です。

　現在は上場企業のうち約25％程度が監査等委員会設置会社の機関設計を選択しているほか（出典：株式会社東京証券取引所　東証上場会社コーポレート・

ガバナンス白書 2019)、ベンチャー企業・中小企業でも IPO を目指す会社など
では監査等委員会設置会社に移行するケースも多くなってきました。

　監査等委員会という名称の「等」とはいわゆる**「監督」業務**を意味していま
す。つまり、「取締役の指名（選任・解任・辞任）」「取締役の報酬」について、
監査等委員会として監督を行い、株主総会で意見を述べる必要がある場合には
意見を述べなければならない、とされています（指名について会社法第 342 条
の 2 第 4 項、報酬について会社法第 361 条第 6 項）。

　監査等委員会は「監査役会設置会社」「指名委員会等設置会社」のどちらに
近い形でも取りうることが出来るということも大きな特徴です。例えば、常勤
の監査等委員を置き、監査の大部分を当該監査等委員に任せるという監査役会
設置会社に近い形も取れますし、全員を非常勤監査等委員とし、日常の監査業
務は監査等委員補助者（スタッフ）や内部監査部門が実施し、最終判断のみ監
査等委員が行うという指名委員会等設置会社に近い形も取ることが可能です。

　別の言い方をすれば、取締役会の「モニタリング型」「マネジメント型」の
いずれの形態にもマッチした形を取ることが可能となり、自社のスタイルに合
わせた柔軟な設計が出来ます。

　なお、一般的に監査等委員会設置会社には、以下のメリットがあるとされて
います。

①　業務執行取締役に対する監督機能強化

　監査等委員会設置会社では、監査等委員として社外取締役を最低 2 名以上
選任する必要があります。これらの社外取締役は監査等委員として会社法の
各種権限を持つことになりますので、単純に社外取締役の人数が増えること
以上の効果があります。

　また、監査役は取締役会において、意見具申は可能であるものの反対票を
投じることはできず、最終意思決定は取締役に委ねるしかありませんが、監

査等委員は自ら１票を行使することで，意思決定に参加することができます。

　さらに監査等委員会では監査役にはない「指名」「報酬」に係る意見陳述権があり，業務執行取締役の監督に踏み込むことで，より一層のガバナンス向上が期待できます。

②　意思決定スピードの向上

　監査等委員会設置会社では，定款に定めることで重要な意思決定の一部を特定の取締役に委任することが可能です（会社法第399条の13第６項）。従来の「マネジメント型取締役会－監査役会設置会社」の形態では，重要な意思決定は取締役会でいちいち行う必要があり，機動性という観点で難があるケースも起こり得ますが，意思決定の一部を特定の取締役に委任することで，取締役会を経ずに意思決定することが可能となります。

③　社外役員に関する負担の削減

　監査役会設置会社の場合，最低でも取締役会３名＋監査役会３名の，計６名の役員が必要になります。また，上場を検討するような場合には社外取締役を１名以上（コーポレートガバナンス・コード上では２名以上）設置することも求められます。

　監査等委員会設置会社の場合，監査等委員会メンバーの身分は取締役ですので，最も人数の少ないパターンでは代表取締役１名＋取締役（監査等委員）３名の，計４名の役員で足りることになります。

❶　監査等委員会設置会社の注意点
1　内部監査部門との連携が重要

　監査等委員会における監査は「**組織監査**」を前提としており，監査等委員会と内部監査との連携を図ることが大変重要です。内部監査の体制が脆弱である場合，どのようにして監査の量と質を担保するのかについて，全体的な監査体制を，移行前に十分検討する必要があります。

2　監査等委員にも「経営判断能力」が求められる

　監査等委員の身分は「取締役」になり，取締役会で１票を持つことになります。その分監査役と比してリスクは高いと考えられますし，経営に関するジャッジメントを行うには経験や能力の不十分な方が選任されてしまうと，経営に直接的な影響が起こりうる可能性もあります。そのため，監査等委員を選定する際には，監査実施能力の十分性に加え，経営判断に関する能力も慎重に見極める必要があると考えられます。

3　「監督」業務の実施

　監査役設置会社や監査役会設置会社から監査等委員会設置会社へ移行するにあたっては，従来の監査役監査に加え，「指名」「報酬」についての意見決定プロセスが必要になってきます。なお，監査等委員会に付与されているのは「意見陳述権」であり，「決定権」ではないため，具体的な人選や報酬額の適切性まで踏み込む必要はなく，「意見を述べるべきか否か」までを決定すれば足りる，とされています。

(1)　「指名」についての意見決定プロセス

　指名は分解すると，「選任」「解任」「辞任」に分けられますが，そのうち重要なのは**「選任」**と**「解任」**です。ただ，選任にせよ解任にせよ「当社の取締役として相応しい人物か」という観点での意見形成になりますので，まずは「当社の取締役として相応しい人物」とはどのような人物なのか，について明確にしておく必要があります。

　その上で，取締役の選任（もしくは解任）議案について，その基準と照らし合わせ，意見を述べるべきかを決定することになります。この照らし合わせは経歴等の外見的な部分だけではなく，現任取締役であれば業績なども加味されますし，人格面などでもジャッジが必要になる可能性がありますので，必要に応じインタビューなどを計画しても良いと思われます。

　なお，監査等委員会設置会社における取締役の任期は１年ですので（会社

法第332条3項・1項)，意見決定プロセスは毎期実施される必要があります。

　なお，「辞任」は取締役側からの自発的な意思によるものですので，会社が行う指名の意味合いからは少し外れますが，自発的意思と見せかけて実は社内の圧力によるもの，というような可能性も考えられますので，辞任理由については慎重に確認すべきと思われます。

⑵　「報酬」についての意見決定プロセス

　報酬についての意見は「報酬の相当性」についての意見，と解釈されます。従って，原則的には予め決定されている報酬体系や支給基準等のルールに従い意見形成することになりますが，報酬体系によっては「お手盛り」をしやすかったり，オーナー社長など特定の役員にのみ有利なルールになっているなど，ルール自体に問題がある可能性もあります。そのため，監査等委員会としては，「報酬に関するルールについての意見」「報酬額についての意見」に分けて検討することが考えられます。

　なお，報酬額については，個別報酬額が対外的に公表されていないケースが多いため，取締役個々の報酬の妥当性についての株主総会での意見陳述というのは難しいと思われます。従って，全社業績等と比較した報酬全体額に対する意見，及び報酬計算プロセスに対する意見に留めざるを得ないと考えられます。

⑶　株主総会での意見陳述

　株主総会での意見陳述については，「こう言わなければならない」というものはないため，どのような陳述をするかについても監査等委員会で議論する必要があります。ただ，一般的には否定的意見に至る場合は少ないですので，「検討を実施した旨」「賛同意見を決定した旨」を簡潔に口頭で報告するケースが多いようです。

　ただ，中には「特段の意見なし」として意見を述べないというケースも見られます。意見陳述権自体は義務ではなく権利ですので，「意見を述べな

い」という選択肢も確かにあり得ますが，意見を述べるべき場面で述べなかった，等の場合には善管注意義務違反にあたるおそれもありますので，基本的には何らかの意見を形成・決定し，それを株主総会の場で述べることが適切だと思われます。

(4) 取締役の利益相反取引と監査等委員会設置会社の特則

　取締役が行おうとしている利益相反取引について，通常であれば取締役会の事前承認を得ても，会社に損害が及んだ場合，事前承認時に賛成した取締役も任務懈怠を推定されるという大変厳しい規定がありますが（会社法第423条第1項・第3項），監査等委員会設置会社の場合は，監査等委員会の監督機能に期待しこの任務懈怠推定が適用されない，という特則もあります（利益相反取引については☞P.90参照）。

4　監査の範囲について

　監査等委員会が実施する監査の範囲について，監査役（会）監査の場合には「適法性監査」に加え「妥当性監査」まで踏み込むか，という論点がありますが（☞P.18参照），監査等委員会の場合は，その構成員が全員取締役となり取締役会で議決権を持つことになりますので，監査等委員会では「妥当性監査」まで及ぶと解釈されます。

　従って，監査の作業自体は監査役監査と同様であるものの，視点として「経営判断上妥当かどうか」について，より強く踏み込んだ判断が必要になります。

2　監査等委員会の運営

　監査等委員会の運営自体は，原則的には監査役会の運営と大きく変わるところはありません。ただ，監査役会とは大きく以下の異同がありますので，留意する必要があります。

❶　常勤監査等委員の選定

　会社法上，監査等委員会設置会社においては常勤の監査等委員について選定は求められていません。しかしながら，監査等委員会監査の全体としての十分性や情報収集量を鑑みて，本当に常勤の監査等委員が不要かどうかは慎重に検討すべきだと思われます。

　なお，日本監査役協会が実施したアンケート結果によれば，監査等委員会設置会社のうち95％が常勤の監査等委員を選定しています（出典：公益社団法人日本監査役協会　選任等・報酬等に対する監査等委員会の意見陳述権行使の実務と論点－中間報告としての実態整理－2016年11月24日）。

　常勤の監査等委員を選定しない場合は，事業報告や有価証券報告書へのその旨の記載が必要となる他，IPOを準備している場合等には，常勤監査等委員が不在でも十分に監査が出来ている旨の説明が必要になるなど，対外的な説明も求められますので，併せて留意が必要です。

❷　監査等委員会の開催頻度・方法など

　監査等委員会の開催頻度は法定されておらず，また内部統制システムをどこまで利用して監査するかにより開催すべき頻度は変わってくるものと思われますが，監査役会設置会社と同様，概ね月1回を定例として実施している会社が多いようです。なお，監査等委員会であっても，取締役会の付議事項については事前に相互確認や必要な事前監査を行うべきですので，可能であれば取締役会の前に実施することが望ましいと考えられます。

また，監査等委員は社外役員が過半数となることから，全員が直接参集出来ない可能性もあります。そこで，やむを得ず直接参集が難しい場合には，安易に欠席とはせず，Web 会議や電話会議等を利用した監査等委員会の開催も積極的に検討すべきと思われます。

❸　組織監査として必要な手続

　監査等委員会監査の大きな特徴は<u>内部統制システムを利用した組織監査を想定している</u>という点です。すなわち，独任制である監査役・監査役会監査と異なり，基本的には監査等委員会が起点となり監査の指示を行い，報告を受けることとなります。

　つまり監査等委員会監査では，内部統制システムの一部門である内部監査部門との連携が非常に重要となります。形式面では内部監査部門の人事関係について同意権や指揮命令権限を整理し，規程等に落とし込んでおく必要がある他，実際の監査では双方の監査計画や日程のすり合わせなどを行い，具体的な指示命令や報告について定期的に授受します。

　一方，内部監査部門は監査等委員会の直下のみの組織ではなく，あくまで取締役が行う業務執行の一環としての機関となります。従って監査等委員会として取り扱うべき監査テーマの中には内部監査部門での監査に相応しくないものもあります。その場合は監査等委員会として監査を完結する必要がありますので，監査人員の確保を含めて検討しなければなりません。

　また，監査等委員の誰がどの監査手続を実施するかについても，監査等委員会で決定する必要があります。監査の結果も原則的には監査等委員会で共有し，監査実施者の判断に対し監査等委員会としても異論がないことを確認します。

❹　取締役の指名・報酬に関する手続

　前述の監督業務に該当する取締役の「指名」「報酬」に関する手続は，監査手続と別途実施することになります。多くの会社では期末のみではなく年間を

通じて情報収集及び検討を行っているようです。

　なお，指名・報酬のいずれについても，
- ➢ 意見形成の基礎となる「選任基準」「報酬基準」についての確認（不明確な場合は作成を促すところから）
- ➢ 指名・報酬の方向性について社長等とのディスカッション
- ➢ 報酬体系の妥当性の検証
- ➢ 年間を通じた業績の評価・確認
- ➢ 各取締役，取締役候補者へのヒアリング

といった手続は最低限必要になろうかと思われます。

5　任意形態での指名・報酬委員会設置

　前述の指名・報酬に関する議論を，監査等委員会の諮問先として別組織に委託することも考えられます。先進的なガバナンス体制を持つ会社では，（法定ではない）任意の委員会として，指名委員会，報酬委員会等の委員会を設置し，そこで別途議論しているというケースも多く見られます。

　任意の委員会を設置すると，監査等委員以外の有識者をメンバーに加えることなどが可能となりますので，より深い議論が出来る可能性があります。一方で，意見形成や意見決定の最終責任は監査等委員会にあることには変わりありませんので，任意の委員会の意見を重視しすぎると監査等委員会の意味合いが骨抜きになってしまうことも考えられます。

　従って，任意の委員会のメンバーが全員社内取締役である，など監査等委員会の趣旨が阻害されないよう人選には気を配る必要があることと，あくまで任意の委員会は「諮問機関」であり，最終責任は監査等委員会側にあることをきちんと認識しておく必要があります。

第 VI 章
非常勤監査役等の基本

　この章では「非常勤」で業務を行う監査役等の業務について解説します。

　なお，類似の呼称に「社外」監査役等というものがありますが，こちらは出身が社内か社外かで分類したもので，勤務形態とは異なる切り口となります。以下，「非常勤監査役等」という呼称には社内・社外どちらの出身の方も含まれるとご理解ください。

非常勤監査役等に求められていること

　非常勤監査役等は「常勤ではない」監査役等をいいます。「常勤ではない」ということは，一般的には他に業務を持っている方と解されますが，監査役等になりうる方の門戸を広く開き，多様な方，また専門知識の豊富な方や他社経験の豊富な方を選任することで，監査役等監査の深度が増すことを期待し設定されているものと考えられます。

　従って，当然に，誰でも良いということではなく，会社全体を監査するうえで十分な知識と経験のある方であること，またそれを選任後十分に遂行出来る方であること，が最低限の必要条件と言えます。

2 非常勤「取締役」との違い

　非常勤取締役と非常勤監査役を混同しているケースも時々見られますが，大きな違いは，取締役は「監督」業務を行うのに対し，監査役は「監査」を行うことが異なります。つまり，取締役会の付議事項に対する見方も，取締役であれば監督の観点，すなわち経営判断として妥当か，効率的か，という視点での判断になりますが，監査役であれば原則としては適法かどうかという視点での判断となります（尤も最近は，監査役監査も妥当性監査まで及ぶという見解もありますので，このように役割がきっぱりと分かれる訳ではないことは留意が必要です）。

　なお，監査等委員もしくは監査委員の場合は，身分は「取締役」になりますので，「監督」「監査」のどちらも行うことになります。

3 非常勤監査役等に選任される前に

　知り合いの紹介や，士業団体の役員候補者リストなどから，非常勤監査役等就任の打診を受けることがあるかもしれません。中には光栄なことだと舞い上がってしまい，よく検討せずお受けになる方もいらっしゃるようですが，返事をする前に，ぜひ一度冷静になって，以下を検討してみてください。

■ 求められていることは何か，それを全う出来るか

　非常勤監査役等については，一昔前は「社長の知り合いなどで，会社の社内政治をよく理解し，あまり口出ししない人」が良いなどと言われていたこともありました。ただ，ガバナンスについての議論や制度構築が進んだ昨今では，そのような非常勤監査役等では，特に外部から求められる職務を十分に全うできず，非常勤監査役等ご本人がリスクを被る可能性も大いにあります。

　また，非常勤監査役，非常勤取締役等の役職を「名誉職」「不労所得」など
と考え，むやみやたらと引き受ける方（特に士業に多いです）もお見掛けしま
すが，そのような方も双方にとってリスクが高いと考えられます。

　執行側も非常勤監査役等に対し「いてくれればいい」としか考えていない場
合もありますが，就任後の監査活動を考えると，例えば重要な指摘を行っても
執行側に軽視されてしまう，などのリスクも考えられますので，極力避けた方
が良いでしょう。

　さらに，「顧問」や「アドバイザー」の代替としてアドバイスをもらうこと
だけを目的に考えているケースも見られますが，こちらは業務執行の範疇に踏
み込んでしまう可能性が高いため，そのようなオファーも避けるべきです。

　そのため，就任前にはぜひ「監査役等として何を求め自身を候補者としたの
か」「自身にどのような価値を求めているのか」についてしっかり話し合い，
納得感を持ったうえで就任を受諾するべきです。

❷　物理的な対応が可能か

　既に複数の役員を兼任している場合は，物理的な対応が可能かについても慎
重に検討しましょう。取締役会や株主総会などの重要会議日程は他社と重複し
やすいですので，原則として全ての会議に出席が可能かどうか，当日の時間調
整だけでなく事前準備等の時間を含め，きちんと確認しましょう。

　また，監査役は会社法上の競業避止義務の対象外ではありますが，会社の内
規で規制しているケースもありますので，競業に該当しないかの確認や，その
他現任企業と新規企業の双方で必要な手続を確認するようにしましょう（監査
等委員，監査委員は競業避止義務の対象となります）。

　上記以外でも，報酬とリスクが見合っているかなどについても総括的に検討
しましょう。そして，何か一つでも全う出来ないと思ったら，その時点できっ
ぱり断る勇気も必要です。

4 非常勤監査役等の業務ボリューム

　非常勤監査役等の「非常勤」がどれくらいの勤務を指すのかについては，法令をはじめ何らかの規定はありません。従って，例えば監査役会設置会社では「常勤監査役」でない方は全員非常勤監査役であると理解されます。

　そのため，勤務の形態は月1日としている場合もあれば，非常勤と言いつつほぼ常勤に近いような勤務をされている方まで様々ですので，勤務のボリュームについてもきちんと認識を合わせておきましょう（なお常勤に近い勤務形態を取っているからといって，必ずしも常勤監査役と名乗らなければならないわけではありません。法令上は，監査役会設置会社における常勤監査役は1名いれば問題ありませんので，追加で選任するか否かは各社の判断によります）。

　業務のボリュームについては，「求められる業務分担を全う出来るか」どうかで検討します。例えば，会計監査人が設置されていない状態で，会計監査全般についての分担があれば，月1日での出勤では十分に確認出来ない可能性が高いですので，その場合は十分な監査作業を実施出来る出勤日数を検討する必要が出てきます。

　また，実際に会社へ出勤して行う業務の他，資料の目通しや質問事項の整理及び確認，フォローアップ事項の確認などの作業も必要になりますので，そのような作業日程も確保する必要があります。

5 非常勤監査役等に選任されたら

　晴れて非常勤監査役等として選任されたら，早速監査役等としての義務と責任が生じます。以下のような事項については速やかに確認し，理解するように努めましょう。

❶　現任の常勤監査役・他の非常勤監査役等からの情報共有

　もし既に常勤監査役や他の非常勤監査役等が選任されていれば，まずは監査や会社情報に関する情報共有を受けましょう。

　前年度の分担やスケジュール，発見・気づき事項，フォローアップの状況などの他，現任の監査役等から見た執行側の印象やリスク情報なども確認しておきましょう。

❷　前任監査役等からの引き継ぎ

　非常勤監査役等の場合，あまり引き継ぎはなされないケースが多いようですが，可能であるならば，前任監査役等からは，少なくとも実施していた監査の内容，懸念事項等は聞いておきたいところです。

　また前任監査役等から見た会社や執行側の本音ベースでの印象，取締役会や監査役会等の様子なども有用な情報になると思われます。

❸　会社情報や概要の理解

　就任前には開示が難しかったような内容についても，極力早い段階で説明を受け，理解に努めましょう。会社の組織とそれぞれの業務分担，各組織における顕在・潜在リスク，内部監査での指摘事項などは早めに確認しておきたいところです。

　また，全員とは言わずとも，出来れば執行役員や部長などの各部署の重要人物まではアクセスを確保しておきたいところです。極力機会を作って，一度でも顔合わせしておきましょう。

❹　連絡，情報提供方法の確認

　会社からの連絡手段や情報の提供方法，タイミングについて確認しておきましょう。

　特に取締役会の議案や資料については，取締役会の場で的確な質問や意見を述べられるようにするためにも，事前確認と内容の整理を行っておくべきです

ので，出来れば1週間前には入手が出来るようにしたいところです。詳細な資料も含め1週間前の入手が理想ですが，会社の体制によっては難しい可能性もあります。その場合でも，せめて予定議案とその大まかな内容については可能な限り早めに貰うようにし，懸念点等をディスカッション出来る状態にしておきましょう。

　その他の連絡についても，取り漏れたり遅れたりすることのないよう，予め連絡手段を定めておきます。

⑤　監査役等間の連絡手段の確認

　監査役等間の連絡についても，適時に行うことが出来るよう，事前に連絡手段を定めておきましょう。

　特に緊急で話し合わなければならないことがある場合などに，対面での会議では日程調整等に不都合が出ることがありますので，可能であればチャットツールの利用や，Web会議の準備をしておくなど，事前に複数手段を備えておくことも有用です。

⑥　分担の確認

　各監査役の詳細な監査計画を作成するのは常勤の監査役等が実施する場合が多いですので，監査計画の策定前に大まかな分担を確認しておきましょう。

　特に，株主総会・取締役会・監査役会等以外の会議体への出席，子会社や支店への往査，その他専門性に応じた監査分担（会計監査など）については，誰が対応するのか事前にしっかり認識を共有しておきましょう。

⑦　スケジュール確認

　上記の分担と一緒に，予め定まっている年間スケジュールもよく確認しておきます。各種の定例会議については，出来れば予め1年ほど先までスケジュールを定めてしまった方が運営も楽です。

　また，往査や部門への監査，要人へのヒアリングなど，関係者の対応を要す

るものについても出来るだけ日程は決めてしまっておいた方が良いでしょう（なお，リスクによっては抜き打ちでの監査実施を検討すべき場合もありますので，全てのスケジュールを事前に決めるかは判断によります）。

6　非常勤監査役等の日常業務

　非常勤監査役等は，基本的には監査役会等，もしくは監査役等間の協議で定めた年間監査計画の分担に従って監査を実施することになりますが，より独立性の強い立場，より専門性や知識経験のある立場から，個別事項一つ一つというよりは全体を見て，会社経営の方針・方向が適切妥当かをジャッジメントすることが求められます。

　上記の内容を満たすためには，監査役等が監査すべき事項の中でも，少なくとも下記についてはどのような分担であっても網羅的に実施出来るようにしましょう。

■　重要会議への出席

　株主総会，取締役会，監査役会等への出席は法令上の義務ですので，原則としては全て出席するようにします。もちろん病欠などやむを得ない事情の発生も考えられますが，Web会議等を利用するなど，完全な欠席は極力避けましょう。

　株主総会の付議事項は，監査役等の調査対象ですので，出来るだけ早い段階から情報を入手し，大きな視点から問題がないかを確認します。

　取締役会の付議事項についても，必ず事前に目を通し，不明点を解消しておくとともに，質問項目，意見項目をまとめておきます。

　その他，三様監査連携の観点やリスク事項の早期確認の観点からも，会計監査人とのミーティングや内部監査とのミーティング（三者で実施する「三様監

査ミーティング」も含む☞P.104）にも出来るだけ出席するようにします。

2 代表取締役，その他取締役，執行役員，部長，社外取締役等とのディスカッションなど

会社経営の方針・方向の適切性をジャッジメントするためには，会社経営の要である代表取締役が何を考え，どのように動かしていく方針なのかを十分理解することは最低限必要です。そのため，代表取締役とは定期的に監査役等とのディスカッションの時間を設け，方向性を共有しておきましょう。

その他の取締役，執行役員とのディスカッションについては，人数や実施可能なタイミングにより非常勤監査役等も関与するか検討すべきですが，コミュニケーションの量は多い方が日常的な監査や各種会議での発言も実施しやすくなると思いますので，ぜひ積極的に時間を取りたいものです。

また，社外取締役とも積極的なコミュニケーションを取りましょう。同じ社外役員の立場でも，取締役と監査役等で見えている風景が全く異なることもありますし，双方の立場や認識を理解しておくことは監査にも大変役立つものと思われます。

3 監査調書の作成

非常勤監査役等の方は監査調書を作成されていないことが多いようですが，上記をはじめとした監査を実施した際には，ぜひ監査調書を作成しましょう。善管注意義務を果たしたか否か後々に証明を迫られた際，自身の義務履行を説明するためには何らかの証拠はあったほうが良いと思われます。きれいな形で作成するのが理想ではありますが，例えば議事メモに自身の発言や他者の重要発言を記録しておくなどでも最初は十分かと思いますので，ぜひ習慣づけると良いでしょう。

なお，筆者は会議出席の都度，自分用の議事メモを取っていますが，以前からの議論の経過を忘れることなく追えるようになり，背景を含めた理解，深度ある理解に寄与していると実感しています。また以前した質問を再度するなど

の重複もなくなり，会議の効率性の向上にも寄与していると感じています。

❹　他の監査役等による監査結果の報告受領

　監査役は独任制の機関ではありますが，監査役会内で監査項目を分担し，お互いの監査結果に依拠出来るのであれば依拠し各々が判断する，という形をとる会社が多数です。監査役会の中でも常勤監査役は日常的に会社に在席し，監査の分担上大部分を担っているため，常勤監査役からの監査結果の共有，情報提供は自身の意思決定のためにも非常に重要です。

　具体的には，監査の実施状況の確認，リスクの把握，情報収集などについて，常勤監査役に情報を求めるとともに，特に不足点があれば追加で確認するなど，自身の意思決定に十分な材料が揃っているかを確認しましょう。

　また，監査結果や情報の共有の方法については，作成した監査調書を回付する，もしくは共有フォルダにまとめいつでも閲覧出来るようにする，常勤監査役が監査の実施概要を月次・もしくは四半期等でサマリーにして配布する，などの方法で行っている方が多いようです。

　なお，監査等委員会の場合は組織監査が前提となりますので，上述の監査役会と同様，常勤の監査等委員をはじめとした各監査等委員からの監査結果共有を必ず行います。

7　非常勤監査役等に求められること

❶　会社全体の大まかな動向の把握

　業務執行を監査するうえで，組織の各人がどのような意思決定をし，動いているかを確認することは基本となります。ただ非常勤の場合，出勤は監査役会等と取締役会のみ，ということも多くありますが，取締役会への上程事項のみで会社全体の動向を把握するのは困難です。出来るだけ下部会議体の議事録などにも目を通し，会社の大まかな動向を把握することは大変重要です。

2 情報収集ルートの確立

　前述の「本来監査役等が期待されている機能」を果たすためには，一にも二にも情報収集が重要です。特に出社日数が少なく，社内の様々なレイヤーの方と日常的なコミュニケーションを取りづらい立場である非常勤監査役等は，より意識して情報収集ルートを確立する必要があります。

　まず，最も身近で情報量も豊富にあるのは常勤の監査役等でしょう。監査役会等の定例会議やその他コミュニケーションの機会にはぜひ遠慮せず質問し，出来るだけ具体的な社内の状況を把握するように努めましょう。

　その他，社内の様々なレイヤーの方との関係づくりも重要です。特に取締役会等の場では，現場の声はほとんど入って来ず，取締役会で聞いていた内容と現場の実態が全然違った，ということも往々にしてあります。例えばランチミーティングを企画するとか，全社員が集まるパーティーなどに顔を出すとか，頻繁でなくても構いませんので，ぜひ社内の知り合いを増やしましょう（参考：☞ P.77）。

Column 4　知らぬ存ぜぬで本当にいいのか？

　最近の監査役に関する判例や，第三者委員会報告書における監査役等への言及を見ていると，「非常勤監査役等は当該不祥事に関する情報を『知らなかった』ので，何もできなくてもやむを得ず，善管注意義務違反ではない」という理論構成をよく見かけます。

　確かに，「知っていた」内容に対し，見て見ぬふりをするなどしかるべき対応を取らなかった場合には善管注意義務違反となることは分かりやすいですが，「知らなかった」ことに対してもっと情報を積極的に入手すべきだったのにそれを怠った，という論調にならないことは，個人的には強い違和感を感じます。

　この理論なら「リスクのある話は『知らない』方が良い」となってしまい，監査役等に本来期待されている積極的な監査機能を十分に果たせるようになるとは思えません。

　もちろん自らの身を守ることは非常に重要な事です。しかし，それ以上に，「なぜ自身はこの立場にいるのか」「本来監査役等が期待されている機能は何なのか」についても合わせて問うて欲しいと願っています。

第Ⅶ章
誰にも聞けないあれこれ

この章では，監査役等に就任する前，もしくは就任した後にぶつかりやすく，かつ誰にも聞けない諸問題について，他社の実態等を踏まえて解説します。なお見解には筆者の私見が含まれていますので，ご了承ください。

 1 常勤監査役，非常勤監査役の報酬はいくらぐらいが妥当？どのように決めるべき？

> **Q** この度常勤監査役に就任することになりましたが，自身の報酬をどのように決めれば良いか困っています。報酬の相場感や決め方について教えてください。

Answer

報酬相場は日本監査役協会のアンケートや民間調査が参考に。報酬は時間見合いではなくリスク見合いとして考え，業務内容，知見の量を加味して検討してみては。

【解　説】

社外から監査役等に就任するにあたって，必ず直面するのが，この「報酬」問題です。

まず会社法では，監査役の報酬総額は株主総会の決議で定め，個別の報酬額は監査役間の協議によって定める（会社法第387条第１項第２項），とされています。つまり，株主総会で決定された総額の範囲内であれば，会社は監査役等の請求通りに払わなければならないとされていますが，実態としては会社にも懐事情がありますので，監査役等が請求した額を事前交渉なくそのまま払ってもらえるということは非常に難しいと思われます。

　従って，実務上は監査役等と執行側が双方納得出来る額を十分話し合って決定する必要があります。

　なお，各社どれくらいの報酬が支払われているかについては，会社規模等の違いだけではなく，上場会社か非上場会社かなどステージによっても違いがあります。また，就任される監査役等自身の年齢，経歴，資格等によってもかなりの幅があります。そのため，ひとまずの相場感の把握としては，日本監査役協会が毎年行っているインターネットアンケートや，「労政時報」で毎年行っているアンケートの結果などを参考にされるのが良いと思います。

　とはいえ監査役等はリスクの高い役職です。相場通りの報酬金額で十分リスクに見合った額になるかというと，そうも行かない場合もあると考えられます。その点は執行側と十分に話し合い，双方納得する内容となるようにしましょう。

　ちなみに，報酬交渉の場で良く聞かれるのが「出社は週３日で良いので，報酬も週５日の場合の３／５にしてほしい」という話です。一見何の問題もない考え方に見えますが，監査役等の責任はどれだけ出社したかではなく「善管注意義務を全うしたか否か」という点で問われますので，週３日の出社でも５日の出社でも負っている善管注意義務の大きさは変わりなく，責任の量は出社日数では変わりません。従って，監査役等の報酬は原則として，出社日数などの時間に対する対価ではなく，リスクに対する対価と考えるべきです（この考え方に立てば，リスクが大きく変化するタイミング（上場やM&Aなど）では，報酬の見直しがあるべきとも考えられます）。

　しかしながら，非常勤監査役等の場合は負うリスクは常勤の監査役等と同じ

でも，求められる業務内容が全く異なります。通常は常勤の監査役等の方が業務分担が多いですから，その分常勤の監査役等は非常勤監査役等より報酬が高くなるのが自然だと思われます。

　また，例えば監査役経験の豊富な方と監査役未経験者などでは，発揮出来る知見の量も異なると考えられます。従って，持っている知見のレベルに応じて付加する報酬金額に差をつけることはやむを得ないと思われます。

　ただ，報酬に対する考え方は諸々あれど，結局はその報酬で当人がリスクを含め総合的に納得するか否かに尽きます。納得出来ない条件で受嘱し損をするのは監査役等ご自身ですので，時には断る勇気も必要です。

2　非常勤監査役の人選が不満

Q　常勤監査役です。この度非常勤監査役を新たに選任することになりましたが，社長の「お友達」が選任されることになりそうです。士業の方で外形的に著しく問題がある方ではないのですが，役割を十分果たしてくれるのか不安です…

Answer

　ボードメンバーの１人として人選には積極的に関与するべき。取締役・監査役等全体で「当社にふさわしい人物」がどのような人物なのか，十分な議論を。

【解　説】

　非常勤監査役や社外取締役などは社長の知人などが選ばれることも多く耳にします。もちろん法令上何ら規制されていませんし，真に相応しい方が，求められるパフォーマンスを最大限発揮してくだされば何の問題もありません。

　しかし実態としては，そもそもの人間関係が邪魔をして，言うべきことを言えなかったり，過度に空気を読んでしまう，などといったことも発生している

ようです。

　監査役等には監査役等選任議案への同意権があります。監査役の選任に関する議案を株主総会に提出するには，監査役（監査役が2人以上いる場合は，その過半数）の同意を得なければならない（会社法第343条）とされていますので，まずはこのような同意権があることを執行側に説明し，不適当と思われる方の場合は同意しないこともある旨をよく理解してもらうことが必要と思われます。

　またそもそも，このような問題が発生する大きな原因として，監査役等にどのような期待をするのか定まっていない，ないしは社内で十分共有されていない，といったことが挙げられます。監査役等への期待を取締役と現任監査役等で明文化し，思いを共有した上で，この人選で本当に当該期待に応えてもらえるのか，フラットに議論すべきだと考えられます。

　従って解決策としては，まず会社として，そして取締役会メンバーとして，監査役等にどのような期待をするのか，を取締役と現任監査役等で良く話し合うべきです。従業員を採用する際は必須・歓迎条件など細かく注文するのに監査役等についてはそれがない，というのはおかしな話で，まずはそのポジションの必要要件を良く検討すべきでしょう。

　次に，選考方法についてもきちんと話し合いましょう。前述の通り監査役等は選任議案の同意権があり，また選任後は監査役会等メンバーとして緊密な連携が必要となりますので，選考プロセスに現任監査役等は積極的に関与すべきだと考えられます。

 3 　非常勤監査役が非協力的

> **Q** 　監査役会設置会社です。監査役会と取締役会をそれぞれ定例で月1
> 　回開催し，非常勤監査役には就任当初から毎回の出席をお願いしてい

ます。

　ところが，他の業務が忙しいとのことで，非常勤監査役が当日に
なって出席をドタキャンすることが相次いでいます。それ以外にも，
常勤監査役である私から何か相談を持っていくと非常に迷惑そうにさ
れたり，意見を求めても返事が非常に遅く，困っています。

Answer

　まずは当該監査役と監査役の責任について再確認を。その上で，常勤監査役
側も効率的な運営に工夫を。

【解　説】

　ご相談のように非常勤監査役が取締役会や監査役会に十分出席できなかった
り，分担された業務を十分実施してもらえない，その他の場面でも非協力的，
といったご相談も時々伺います。

　一義的には，責任を全うできず一番困るのは当該非常勤監査役ご本人のはず
です。そのため，まずは監査役等の責任を当該非常勤監査役と再度確認し，必
要なリソースを確保してもらうように伝えましょう。

　しかし，そもそも本業が忙しかったり，他社役員の兼任が多いと物理的に対
応が難しくなることもあります。本当に自社に必要なリソースを割いてもらえ
るのかは就任前にすり合わせし，確認しておくことが望まれます。特に他社役
員との兼任が多いと，取締役会等の日程がバッティングして出席出来ない，と
いったことも多くありますので，日程調整はどこまで可能なのかについても良
く確認しておきましょう。

　また，株主総会や定時取締役会など定例会議の日程は出来るだけ早めに（可
能なら１年ほど前には）決めるようにする他，比較的調整のしやすい時間帯
（ランチタイムなど）で開催することも一案です。

　その他，最近ではWeb会議なども発達してきています。対面での参加が難
しい場合でも，そのようなツールを活用し参加出来ないか検討するのも良いと

思います。

　ただ，このような状態になってしまう非常勤監査役等の中には，「何をしたら良いかよく分からないので」という方もいらっしゃると聞きます。監査役間の分担は出来るだけ具体的にし，当該非常勤監査役等には何をしてほしいのかを明確にすることで，上手くワークすることもあるようです。

　他にも，監査役会が常勤監査役の「愚痴」や「世間話」の場になってしまっており，意義を感じられないという声も聞きます。監査役会等が真に話し合うべきことを十分話し合う場となるよう，議事や時間を見直すことも必要と思われます。

　なお，上記の事項について，当該非常勤監査役側の対応がどうしても難しいということであれば，責任を全う出来ないとして辞任や解任もやむを得ないものと考えます。

 4　取締役・従業員が非協力的

> **Q**　常勤監査役です。社内の業務執行取締役に対するヒアリングを設定しましたが，再スケジュールを何度も余儀なくされたり，形式的な回答に終始し業務の実態がつかめず困っています。
> 　また，従業員も私から声を掛けると露骨に嫌な顔をされたり，質問しても上辺だけの回答に終始するなど，監査役監査の意義を理解してもらえていないように感じます。どのように対応すればよいでしょうか？

Answer

　まずは監査役から「何のために」「何をしているか」十分説明し監査役監査を理解してもらいましょう。ランチなど非公式コミュニケーションも効果的。

【解　説】

　監査役等側にプレッシャーをかける気がなくとも，「監査」という言葉を聞くだけで身構えてしまう方は多くいらっしゃるようです。「怒られたくない」「時間を取られ面倒」「現場をよく分かっていない人に引っ掻き回されたくない」といった「何をされるか，言われるか分からない」恐怖心を原因とした理由の他，単に監査を軽視している，という理由によることもあるようです。

　他方，監査役等監査について日常的に触れていたり，意義や内容まで理解している社会人は極めて少数であるとも考えられます。つまり，問題の多くは単純な理解不足が原因とも言えますので，監査役等が何をしているかを監査役等側から発信することは，理解を深めてもらい，監査を効率良く遂行するためにも重要なことだと思われます。

　取組の一例としては，

> ➤ 朝礼や全体会など，社員が多く集まる場で監査役等の業務内容について説明する

> ➤ 「監査役通信」などの名称で，業務内容や監査役等自身の人となり等について社内広報する

> ➤ 従業員とのランチなどに積極的に出向き，顔や人柄を覚えてもらう他，業務内容について話す

などが挙げられます。どのような手法を取るにせよ，最も伝えるべきメッセージは「邪魔をすることが目的ではない」「向いている方向は皆と同じ」ということです。仲間の一員だと思ってもらえれば，監査の場もただ表面的な説明を聞く場ではなく，真の問題を特定し，一緒に解決策を考えられる前向きな場に変わってくるものと思います。

　なお，監査役は，いつでも，取締役や使用人に対して事業に関する報告を求めることができるとされています（会社法第381条第2項）。応じない場合は取締役自身の責任問題になりかねませんので，取締役には別途当該条文について説明しておいた方が良いでしょう。

5 監査調書はいつまで，どのように，誰が保管すべき？

Q　常勤監査役になり，監査調書を作成し始めていますが，監査調書は
どのように保管すれば良いのでしょうか？また退任時は監査調書の取
り扱いをどうするべきでしょうか。

Answer

　保管期間・保管方法等は法定されていないため，各社・各人の判断によるが，
10年保管の会社が多そう。なお退任時は改ざんリスクに配慮を。

【解　説】

　監査調書に関し困るのが調書の保管と退任時の取り扱いです。調書の保管期
間については，何年保管しなければならないというのは法定されていませんの
で，各社・各人での判断となりますが，役員の公訴時効である10年の保管とし
ているケースが多いようです。

　また，調書の作成や保管方法について，紙とデータのどちらにすべきかにつ
いても法定されていません。紙であれば一覧性がある，手書きでの作成が可能
などのメリットがありますが，後々の改ざんについて立証しづらい，保管の場
所を取るなどのデメリットがあります。一方データであれば，記入履歴がデジ
タルに記録される他，保管の場所を取らないというメリットがありますが，情
報流出のしやすさという点では紙以上に注意を払う必要があります。

　また，退任時の監査調書の取り扱いについても困るところです。全てコピー
を取り手許に置いておく，コピーなどは取らず会社にそのまま残してくる，任
期満了とともに廃棄してしまう，などのケースがあるようですが，個人的には
コピーなどを取って手許に置いておくことが，自身の責任の説明という点では
最も良いと思います。会社にそのまま残してくると，万が一の際に改ざんされ

る可能性もありますし，廃棄してしまっては，実施した監査を裏付けるという意味がなくなってしまいます。役員の公訴時効は10年ですから，少なくとも退任後10年程度は作成時の状態を保存しておくことが望ましいでしょう。ただ情報管理には十分留意する必要がある他，場合によっては会社と別途取り決め等を行う必要もあると考えられますので，退任が決定したら監査調書の取り扱いについて早い段階から相談しておきましょう。

 6　会社の事務を手伝ってくれと言われた

> **Q**　常勤監査役です。私は管理畑を長く歩んできましたので会社の管理業務は一通りできます。先日，管理担当の取締役から，「経理の手が足りないのでちょっと手伝ってくれないか」と相談されました。手伝っても良いものなのでしょうか。

Answer

　大原則として，自己監査になりかねない業務執行の範疇と捉えられる行為は避けるべき。ただ，人手が足りずいつまでも着手されない指摘事項に対し「方向性」を示すことはあっても良いのでは。

【解　説】

　監査役の使命は「取締役の業務執行を監査する」ことですから，取締役が行うべき業務執行の範疇に手を出すことは「自己監査」と捉えられかねない行為であり，厳に慎むべきです。時々，士業の方を監査役等に据える場合などで，経理など管理業務の一部を手伝ってもらう前提で候補者を探している会社を見ますが，執行側も監査役等の業務を間違って解釈しており，求職者もそのような会社は避けた方が賢明です。

　他方，慢性的に人手が足りないのがベンチャー企業や中小企業です。大企業

のように「指摘さえしておけば誰かが対応してくれる」などということはなく，こちらが緊急性や重要性を高めに伝えたつもりでも，いつまで経っても未着手であることも多くあります。このような場合でも本来であれば「監査役等の指摘に対応出来る余裕があるくらいの採用を行うべき」という指摘を行うことが正論ではありますが，成長途上の会社にとっては「無い袖は振れない」という本音もあります。

そのような場合には，まず監査役等から方向性を示してあげることは有用なのではないかと思います。指摘事項をかみ砕き，「なぜやる必要があるのか」という理由に加え，「いつまでに」「どうなっているべきか」「どうすると良いか」というヒントに分解すると，着手しづらかった問題にも取り組みやすくなるのではないでしょうか。

ただ，執行側がこれを当たり前と考える環境にしてしまうことはNGです。あくまでやむを得ず行っていること，具体的な実行スケジュールやアサインの作成や実行は執行側が行うことなど，十分に説明しておく必要もあるでしょう。

また，執行側が「手を動かせる監査役等」を探していることもありますが，この場合の多くは「監査役補助者などを置く余裕はないので，常勤監査役のみで業務を完結してくれる方（つまり調書を自ら作成したり，IT機器の取り扱い，スケジュール管理等を行うことが出来る方）」という意味合いのことの方が多いようです。

7 常勤監査役の「常勤」とはどれくらいの勤務を指すのか？

> **Q** この度，常勤監査役のオファーをいただきました。「常勤」と名前はついていますが，実際どれくらいの勤務であれば常勤であると言えるのでしょうか？

Answer

　判例や一般的な見解では「最低週３日以上」という解釈が多数だが，最近の上場審査などでは３日では足りないと言われるケースも。

【解　説】

　会社法上，「監査役会は，監査役の中から常勤の監査役を選定しなければならない。」と規定されています（会社法第390条第３項）。しかしどれくらいの勤務をもって「常勤」と判断するかは，法律上どこにも規定がありません。従って一義的には，当該常勤監査役，そして監査役会（さらには彼らを選定する株主総会）が**自らの判断**で，どれくらいの勤務をもって「常勤」とするかを検討し実行しなくてはなりません。つまり常勤としての勤務状態が「常勤」と言えない状態では，監査役の善管注意義務違反の問題が生ずる可能性がある，ということになります（ただし常勤監査役としての選定やその方が行った監査が無効になる訳ではありません）。

　この点，エフオーアイ社という会社で架空売上が行われていたという事件で，裁判上，常勤監査役が週２日程度しか出社しておらず，粉飾の相談が行われていた会議に出席していなかったことについて善管注意義務違反が認定された他，「常勤とは呼べない勤務実態であった」と指摘されたということがあり，ここから「常勤とは概ね週３日以上」という暗黙知が形成されていったものと思われます。

　ただし，IPOの際には，主幹事証券などから週３日の出社では少ないという指導が入るケースもあるようです。前述のように，基本的には出社日数は自らが判断し決定することですが，その日数や時間で十分な監査が可能なのかについては良く説明が出来るようにしておく必要があると思われます。

　また，江頭憲治郎　東京大学名誉教授のご著書『株式会社法』では「**他に常勤の仕事がなく，会社の営業時間中原則としてその会社の監査役の職務に専念する者**（第６版　P.531）」という解説があります。つまりここでいう「他の常勤の仕事」とは，例えば常勤監査役を２社引き受ける，などの他，自分の会

社を経営している（代表取締役に就任している）方なども当てはまります。最近は士業の方を常勤監査役として選任される例も多いかと思いますが，その方がご自身の事務所をお持ちの場合などはその実態に注意する必要があります。

　ただし，私見としてはやはり日数や勤務時間の多少より，その監査内容のほうがよほど重要だと思っています。形式的に毎日出社していても，見るべきポイントをきちんと見ていなかったり，コミュニケーションを取るべき人と話をしない，理解しておくべきところをしていない，などの状況があっては，義務を十分果たしたとは言い難いのではないでしょうか。

（執行側からの質問）常勤監査役・非常勤監査役はどのような人選が良いか

> **Q**　上場に向け，そろそろ監査役会を設置しようと思っています。そこで当社として初めて常勤監査役を設置したいと思っていますが，どのような方にお願いすればよいか，いまいちイメージが湧きません。

Answer

　一番重要なことは「経営と監査役業務を理解し，監査役業務を不足なく遂行してくれる人かどうか」。その上で経験やカルチャーフィットなどを加味してみては。

【解　説】

　初めて常勤監査役を設置する，ということになっても，そもそも常勤監査役は何の業務を行う人なのかをあまり理解されていない会社を多く見かけます。業務内容が分からなければ求める要件も分からないですので，まずは執行側が常勤監査役・監査役会は何をする機関なのか，しっかり理解することが先です。

　その上で，監査役に選定されるべき方として，コーポレートガバナンス・

コード　原則４−11では「監査役には，**適切な経験・能力及び必要な財務・会計・法務に関する知識を有する者**が選任されるべきであり」と述べられています。ここから，監査役選定で最も重要なことは「経営と監査役業務を理解している（または容易に理解出来る素質があると見込まれる）」という点に加え「当該業務を不足なく遂行出来る」という２点であると考えます。

　一昔前では誰でも良い，などと仰る会社も多くありましたが，真に監査役業務を遂行するには「経営」というものと「監査役業務」の双方をきちんと理解した方でなければ務まらないのは自明です。

　また，特にベンチャー企業や中小企業では，当初から監査役補助者を設置出来る（もしくは規模的に設置すべき）会社はごく少数でしょうから，常勤監査役が自身で業務遂行を完結出来るか，という点も重要です。どんなに立派な方でも，何年も自身で書類を書いたことがないような方だと業務遂行に支障が出る可能性が高いですので，ご自身で監査役業務を完結することが可能かはよく確認しておく必要があると思われます。

　そして，上記が満たされる方，という前提で，プラスアルファとしてご経験やカルチャーフィットを重視されると良いのではないかと思います。

　なお，非常勤監査役についても，基本的な考え方は同じです。その上で，より専門性や知見を生かした監査活動，意見形成を行うことを求める場合が多いですので，求める専門性が十分にあるか，物理的に当社の監査活動に時間を割けるかどうかという視点も重要です（「Ｑ３　非常勤監査役が非協力的」参照）。

　さらに，人選にあたっては，監査役会としての多様性や経歴・資格等のバランスも考慮する必要がありますが，特に，財務や会計，税務について知識のある方を１名以上確保することは最優先で検討すべきです。

　コーポレートガバナンス・コード　原則４−11で，「（監査役には）特に，財務・会計に関する適切十分な知見を有している者が１名以上選任されるべきである。」との記載がある他，財務，会計に関する相当程度の知見を有する監査役を開示することが求められていること，会計不祥事発生時の第三者委員会報

告書の多くで会計周辺の知識を持った監査役が不在であったことへの指摘があることなどから，選任していないと対外的な説明が求められることになります。

　選任の基準としては，例えば公認会計士などの資格保持者，実務経験が豊富な方など，「相当程度の知見がある」と説明出来る方が該当します。

　その他，弁護士など法務関係の知識がある方がいらっしゃると，より多角的な検討が可能になります。どこかに偏らず，バランスを見た人選が求められます。

9 （執行側からの質問）常勤監査役が何をしているかよく分からない

> **Q** 　常勤監査役を設置し約1年が経過しました。一応毎日会社には出社しているのですが，正直毎日何をしているのかよく分かりません。明らかに暇そうに見えるときもあり，社内の従業員からは「コストと見合っていないのではないか」という辛辣な声も飛んできています。

Answer

　監査役として必要な業務を行っているか，もしくは本当にサボっているのかは，外から判別することは難しい。まずは常勤監査役とコミュニケーションを取り，必要であれば改善の依頼を。

【解　説】

　監査役等は会社とは委任の関係であり，原則として委任された業務をきちんと実行しているか，という点で責任が問われます。従っていわゆる「サボり」は，一義的には本人の責任となりますが，社内の人数が少ない場合などには，サボっている人が1名いるだけで周囲に悪影響を及ぼすことも否めないでしょう。

　また，取締役の立場としてはご自身の指揮命令系統外の方なので，そもそも勤務態度について注意すること自体が難しい場合があります。形式的に日数や時間が足りていない，といった状況がある場合などは指摘しやすいですが，きちんと出社しているものの１日中ぼんやりしているように見える，などといった場合にはより伝え方が難しくなります。

　ただ当該常勤監査役の側としても，例えば人前では作業しづらいことを会議室にこもるなどして行っていたり，インターネットで法令等の情報収集を行っていたりするなど，一見「サボっている」と見えることを行っていることもあるかもしれません。

　従って，まずは当該常勤監査役と業務内容についてコミュニケーションを取ってみてはいかがでしょうか。今どのような監査をしているのか，もし現在具体的な説明が出来ない場合はどのようなスケジュールで動いている監査で，取締役への指摘があるとしたらいつ頃になるのか，といった内容は聞いてみても良いと思われます。

　万が一，本当にサボっているのであれば，まずは社内からの声を伝え，改善を促しても良いと思います。監査役等とはいえ会社の一員です。風紀を乱すようなことを行って良いとはどこにも法定されていませんし，善管注意義務違反は自身の責任とは言え，執行側の立場から「きちんと仕事をしてもらいたい」，ということは当然伝えて良いでしょう。

　なお，執行側には監査役等の「解任」という最終カードもありますが，解任まで持っていくのは実際問題として難しい部分もあります。

10 （執行側からの質問）正直なところ監査役には静かにしていてもらいたい…

> **Q** 正直なところ，監査役にはあちこち首を突っ込んでほしくないと思っています。変なところで議論が中断することもストレスですし，極力コストを削りたい時期なので，利益を生まないことに社内の工数を取られるのもストレスです。

Answer

まずは監査役がなぜ必要かについて再度確認を。その上で，「なぜ議論が中断するのか」「優先順位の目線は監査役と合っているか」など確認を。

【解　説】

監査役等側には業務に関する調査権があり（会社法第381条第2項第3項），監査役等が自らの会議出席や書類の開示を求めた事項に対しては，基本的に執行側は拒否できないとお考えください。そのため，執行側としてはまずなぜ監査役等がそのように「首を突っ込んでくるか」，監査役等の意義について確認をすべきだと思われます。

その上で，本音の部分としてご質問のような思いを抱かれているケースもあろうかと思いますが，監査役等との関係が上手くいっていない場合，必ず原因がどこかにあります。下記は良くご相談をいただく内容ですが，まずはこれらを参考に原因を分析してみてはいかがでしょうか。

①　意図しないところで議論が中断してしまう

執行側にとっての「意図しないところ」は，監査役等側にとってみれば「知らないこと」「理解が足りないこと」「初耳の内容」であった，ということがあります。

170

　例えば専門用語などへの質問が多い場合などは，そのような内容を取り扱う研修や書籍などを紹介し，知識を深めてもらうことも一案です。また，理解が足りない場合や初耳の内容に対して，質問したり，方向の違う意見が出るなどで議論が中断する場合は，事前の情報共有に課題があるケースが多いですので，まずは監査役等に対し執行側と同程度の情報を得てもらうよう，情報共有の仕方を工夫してみることも一案です。

　そのような対策を打っても，本質と関係ない意見が出てきたり，独演会を始めてしまって議論が中断する，などのケースもお見掛けします。その場合は監査役等本人の資質による部分も大きいですので，議論と当該主張の関係性を質してみたり，発言の時間を区切ったりするなどで改善を促すことが考えられます。

②　重箱の隅をつつくような内容の指摘

　執行側にとっては「重箱の隅」と思っていても，監査役等側はそう思っていない場合が考えられます。つまり重要度や優先順位について共通認識が持てていないということになりますので，まずは指摘があった都度，重要度のすり合わせを行うと良いかと思われます。

　他方，監査役等側が「なんでもかんでも指摘することが仕事」だと考えている場合も見られます。その場合は，執行側として監査役等に何を期待しているのか，改めて確認することで改善することもあります。

③　小さいと思われることをいちいち大騒ぎする

　表面的には些末な内容の指摘でも，問題の根本は大変深いという場合もあります。監査役等からの指摘については都度原因分析を十分に行い，根本的な問題も本当に些末なのか，についても確認してみましょう。

　他方，監査役等側が「大騒ぎすることが仕事」だと考えている場合も見られますが，そもそも指摘事項に対する対応を図るべきは執行側です。監査事項や指摘事項には早めに対応し，また説明も十分に行うなど，監査役等を安

心させることも必要です。

④　レベルの低い指摘しかない

　監査役等側の資質の問題は大いにありますが，内部監査が不十分で内部監査寄りの監査を行わざるを得なくなっているという可能性も考えられます。まずは内部監査との住み分けやリソースの強化を図るということも一考です。

　監査役等の勉強・能力不足に起因すると思われる場合は，学習環境を支援することで改善することがあります。例えば日本監査役協会に加入していても，各種研修会や実務部会等に参加していない，といったケースもありますので，参加を促してみることも良いと思われます。

⑤　コミュニケーションコストに対するストレス

　コミュニケーションに時間（コスト）がかかることを一般に「コミュニケーションコスト」といいますが，一言でコミュニケーションコストといっても，業界や事業に対する共通認識の少なさや情報量の格差から説明が長文にならざるを得ないケース，監査役等がシニア層で最新ツールに慣れていないためにコミュニケーションがままならないケース，など様々です。

　説明を長文化しないと理解されない場合は，情報量に格差があることが原因であることが多いです。社内会議への出席を促したり，業界を知ることが出来る各種カンファレンスなどへの参加を促すなどすると，中長期的なコスト削減に役立つ可能性があります。また，そもそも説明の内容が難解であるケースもあるようです。株主や対外的な説明の練習と思い，内容の平易化を検討してみても良いと思われます。

　また，最新ツールを上手く使えないケースも良く聞きますが，慣れの問題も大きいようです。慣れていないからと別のルートでコミュニケーションしようするのではなく，積極的に最新ツールを利用したコミュニケーションを心がけるとともに，暗黙的なルールを積極的に教えたり，便利な使い方を教えたりすると理解が進むようです。

⑥　痛いところを突かれている

　監査役等という立場ですから，当然執行側にとっては耳の痛い発言や指摘もあるものと思います。反射的に反発してしまいたくなるようなこともあるかもしれません。

　ですが，監査役等が「わざわざ」そのような発言をする，真の意図は何かをぜひ考えていただきたいところです。監査役等は会社や事業の邪魔をしたいためではなく，会社を成長させるために発言したり，指摘したりしているはずです。同じ方向を向いているのだということをぜひ改めてご認識いただき，どうすれば解決するのか，一緒に前向きに考えていただくのが一番だと思います。

　とはいえ，執行側だけの問題ではなく，監査役等側に問題があるということも多々あります。監査を十分実施出来る環境は整えたうえで，様々な改善手段を講ずるなどしても関係性に改善が見られない場合は，監査役等の交代という手段の検討もやむを得ないと思われます。

索　引

著者紹介

大杉　泉 （おおすぎ　いずみ）

公認会計士。

2008年公認会計士試験合格後，大手監査法人へ入所し，主に東証一部上場企業の鉄道会社やゲームメーカー，IPO準備企業などの監査を担当。

2014年，東証マザーズ上場企業の常勤監査役（のち，取締役監査等委員）に就任。「言いっ放しではなく実行可能な提言」をモットーとした監査を行う。

また，「会社の不祥事を減らすには監査役監査の充実が不可欠」という思いを具現化すべく，2018年に監査役支援を専門に行う大杉公認会計士事務所を立ち上げ，支援業務を開始。

現在は複数企業の社外取締役・監査役に就任しているほか，上場企業役員向け研修機関等での執筆活動や講演，日本公認会計士協会委員等としても活動。その他，監査役のためのニュースブログ「監査役ニュース」を運営。

ベンチャー企業・中小企業のための
監査役・監査等委員の教科書

2020年8月1日 初版第1刷発行
2023年6月20日 初版第2刷発行

著　者　大杉　泉

発行者　大坪　克行

発行所　株式会社 税務経理協会
　　　　〒161-0033東京都新宿区下落合1丁目1番3号
　　　　http://www.zeikei.co.jp
　　　　03-6304-0505

印刷所　有限会社 山吹印刷所

製本所　牧製本印刷株式会社

 本書についての
ご意見・ご感想はコチラ

http://www.zeikei.co.jp/contact/

ISBN 978-4-419-06729-8　C3034